KB065583

비스킷 철학

박윤아

반달뜨는꽃섬

비스킷 철학

머리말

쿠키보다는 가볍고 스낵보다는 무거운 철학 비스킷 철학은 누구나 행복하게 만들고, 더 많은 즐거움을 주는 가벼운 철학에세이 입니다.

자신의 삶을 더욱 만족스럽게 만들기 위해 노력하는 것이 비스킷 철학의 핵심입니다. 이 철학은 삶의 여러 영역에서 유용한 가치를 제공하며, 삶의 목적과 방향성을 찾는 데 도움을 줄 수 있습니다.

비스킷 철학은 모두에게 적용할 수 있는 실용 철학으로, 누구나 자신의 삶을 더욱 풍요롭게 만들 수 있는 방법을 생각합니다. 또한 단순하면서도 강력한 메시지를 전달하며, 우리의 삶에 즐거움과 만족감을 더해줄 수 있는 중요한 철학에세이 입니다.

제게는 세상 모든 학문의 뿌리는 철학입니다.

목차

비스킷 철학

사회를 보는 시선

소크라테스와 산책

빈틈은 어설픈 과장보다 낫다

TV의 리얼리티 프로그램, 또는 토크쇼에서 가장 인기 있는 연예인은 화려한 겉모습과는 달리 자신의 약점을 솔직하게 털어놓는 사람이다. 약점을 드러낸다고 해서 사람들이 나를 싫어할 것이라 여기는 것은 나약한 열등감이다. 실례로, 심리학자 애론슨은 사람들이 너무 완벽한 사람보다 약간 빈틈 있는 사람들을 더 좋아한다는 사실을 실험으로 증명했다. 이를 '실수효과(Pratfall Effect)'라고 하는데, 대학생들에게 퀴즈쇼 실황이라며 어떤 계획된 상황을 녹음해서 들려주고 호감도를 평가하는 실험이 존재한다.

A 실험군은 문제에 있어 90%가량의 정확도를 나타냈고, B 실험군은 문제에 있어 30%가량의 정확도를 나타냈다. 그리고 퀴즈게임 전 과정이 끝난 후 출연자들과 진행자가 주고받는 대담 내용을 청취하게 했다. 어떤 조건의 출연자들은 대담 과정에서 자기 옷에 커피를 엎지르는 등 실수를 저지르면서 자기가 평소 이런저런 실수를 저지른다는 둥 개인적인 실수담을 털어놓았다. 그리고 다른 조건의 출연자들은 어떤 실수도 저지르지 않았으며 자신의 개인적 결점이나 허점을 털어놓지도 않았다. 녹음 내용을 들려주고 난 뒤, 대학생들에게 출연자들의 호감도를 평가하게 했더니, '문제를 잘 풀면서도 대화 도중 빈틈을 보인 출연자'가 가장 높은 점수를 받았다. 애론슨 박사는 이처럼 허점이나 실수가 대인 매력을 증진시킨다고 이야기한다.

확실히 멋진 사람들이 빈틈을 보이면 더 멋있어 보인다. 미국 뉴멕시코 대학 연구팀은 남녀 대학생 100명을 대상으로 재치 있는 말, 즉 유머와 이성에게 느끼는 매력에 대해 2년에 걸쳐 연구하였다. 연구팀은 4가지 유형의 유머를 녹음한 테이프를 들려줬는데, 유머가 아닌 이야기와 일반적인 농담, 그리고 다른 사람의 실수를 재미있게 말한 농담과 스스로를 비하한 농담이 포함되었다. 그리고 실험을 마친 후 호감도 평가에서 자신을 비하한 농담을 한 이성이 가장 높은 점수를 받았다. 특히 성적이 좋거나 집안 환경이 좋은 사람이 자기를 낮추는 농담을 했을 때, 그렇지 않은 경우보다 더 매력적이라고 느낀 것으로 조사되었다.

너무 완벽한 사람들은 다른 사람들에게 열등감을 느끼게 만든다. 또 그런 사람을 보면 시기심이 생기기 때문에 기분이 나빠진다. 자기에게 열등감을 느끼게 만드는 사람을 좋아하는 사람은 없다. 또한 사람들은 결점을 드러내지 않는 사람에 대해 위선적이고 인간미가 없다는 고정관념을 갖고 있다. 자기의 결점을 다른 사람에게 보여주지 않으려고 하는 것이 인간의 본성이라고 생각해서 과시만 하고 허점을 드러내지 않는 사람들을 믿지 않는 경향이 있다. 그뿐만 아니라 너무 완벽한 사람들에게는 쉽게 자신의 결점이 노출될 수 있어서 그런 사람을 만나면 경계심을 갖게 되고 마음의 문을 닫게 된다.

나의 약점 또는 빈틈을 오히려 전략으로 활용해 보자. 빈틈을 보이면 상대방과의 거리감이 줄어들고 친근감이 느껴진다. 그리고 겸손하고 진솔하다는 느낌을 받게 된다. 상담자가 상담받으러 온 사람에게 자기의 문제를 진솔하게 공개하는 것은 카운슬링에서 매우 중요하게 여기는 상담 자세 중 하나다. 그렇게 자신의 문제를 먼저 털어놓게 되면 대부분 내담자는 경계심을 풀고 편안한 마음으로 자신의 문제를 털어놓는다. 상담자도 똑같은 약점을 지니고 있음을 알게 되면 보다 친밀감을 느끼게 되어 마음의 문을 열기가 쉬워진다. 이처럼 상담자의 개인적 경험이나 생각을 털어놓음으로써 내담자와 서로 알아가고(라포형성) 속마음을 털어놓게 하는 것을 '자기공개 기법(Self-disclosure Technique)'이라 한다.

청산유수같이 유창한 연설을 끝낸 한 초선의원이 20세기 최고 웅변가 처칠에게 의기양양하게 다가가 연설에 대한 피드백을 부탁했다. 분명 칭찬을 받을 것이라 기대했으나 처칠은 그에게 이렇게 충고했다. "다음부터는 좀 더듬거리게." 말이 너무 매끄러우면 신뢰감이 떨어지고 자칫 경박스럽다는 인상을 줄 수 있기 때문이다.

보잉사의 최고 관리자 노마 클레이턴은 고객이나 협력업체 또는 자신에게 보고하는 사람들과 회의할 때 절대

상석에 앉지 않는다고 한다. 오히려 의자를 조금 낮춰 남들보다 작아 보이게 한다고 말한다. 그래야 조직 일부가 되고 상대로부터 더 쉽게 협조를 끌어낼 수 있기 때문이다.

잘난 점을 갖고 있다는 것은 좋은 것이다. 잘난 점을 과시하고 싶은 것은 당연하다. 하지만 '모난 돌이 정 맞는다.'는 말처럼 너무 튀면 경계나 질시의 대상이 되고, 너무 잘난 것만 내세우면 바로 그것이 화근이 된다. 겸손한 모습으로 자세를 조금 더 낮추면 결과적으로 더 많은 것을 얻게 된다.

남들이 부러워하는 삶 = 존경 욕구

　누구나 멋진 삶을 원한다. 멋진 삶이란 무엇인가. 자신이 만족할 만큼의 부와 명예를 가지고 어느 정도 여유도 부리며 살 수 있다면 그것이 가장 이상적인 삶의 조건이 아닐까. 누구나 그러한 삶을 한 번쯤 꿈꾼다. 하지만 그 멋진 삶에 대한 명확한 기준은 찾기 어렵다. 그도 그럴 것이, '자신이 만족할 만큼' 이라는 전제는 너무나 추상적이고 광범위하지 않은가.

　남들보다 연봉이 높지 않아도 내 스스로 자기 일에 대해 만족한다면 그 삶은 그에게 여유롭고 멋진 삶이 될 것이고, 남들보다 어렵고 힘든 일을 하더라도 스스로 직업적 소명 의식을 가지고 일한다면 그의 삶은 충분히 명예로운 삶이 될 것이다.

스스로의 만족감이란 이렇듯 정해져 있는 것이 아니어서 같은 일을 해도 누구는 만족스럽고 누구는 불만족스러울 수 있는 것이다. 그렇다면 그들이 생각하는 멋진 삶에 대한 고민은 마인드를 바꾸면 해결되는 것일까? 아마도 원하는 답은 그것이 아닐 것이다. 그렇게 쉽게 해결될 문제였다면 이런 고민 따위 생기지도 않았을 것이고, 가치관의 충돌 따위 있어서는 안 되는 문제였을 것이다. 하지만 현실은 그렇지 않다.

멋진 삶에 대한 정의와 그것을 정의하는 가치관은 끊임없이 충돌하고 있다. 그러한 충돌은 나와 남 사이의 관계에서 기인한다. 답대로라면 나는 '내가 원하는 삶'을 살아가면 된다. 하지만 나와 남 사이의 유기적 관계에서는 '내가 원하는 삶' 보다는 '남들이 부러워하는 삶'을 살고 싶은 욕망이 우선시 된다. 사람은 누구나 사회에서의 인정을 통해 자기 자신을 확인하려는 경향을 가지고 있다. 이 때문에 '남들이 부러워하는 삶'이 '내가 원하는 삶'이 되는 경우가 더 많은 현실이다.

혹자들은 행복은 마음먹기에 달렸다며 이들을 속세에
물든 사람이라 비판한다. 하지만 나는 이것을 비판하고
싶은 생각이 없다. 이것이 과연 그들만의 문제일까? 인
간은 사회에서 혼자 살아가지 않는다. 그리고 인간은 그
사회 안에서 나름대로 정체성을 형성해 가는데 그 정체
성 형성의 가장 첫걸음이 되는 것이 사회 안에서 자신의
위치를 찾는 일이 바로 그것이다.

내가 어떤 사람이고, 내가 어디에 있는지를 찾는 일은
곧 사회 안에서의 내 역할과 지위에 주목하는 것이다. 그
리고 그러한 정체성 형성의 과정에서 자연스럽게 남과
나에 대한 비교가 일어난다. 비교는 경쟁의식의 출발점
이라고 볼 수 있다. 어찌 보면 이러한 과정은 유치원생
사이에서도 일어나는 지극히 당연한 것이다. 유아기에
는 좋은 장난감을 서로 차지하려 싸우거나, 나보다 예쁜
옷을 입은 친구를 부러워해 질투하거나 울기도 한다. 남
과 나를 비교하고 남들보다 좋은 위치를 선점하려 하는
것은 지극히 본능적이고, 자연스러운 욕구이다.

남들보다 조금 더 멋지고 여유롭게 사는 삶. 그렇다면 나의 행복-내면적 충족감은 남과 나를 비교하여 내가 우위에 있을 때 채워지는 것이 아닌가. 이에 대해 엠브로스 비어스는 '악마의 사전'이라는 책에 행복을 '타인의 불행을 바라볼 때 생기는 일종의 안도감'이라 정의한다. 참으로 명확하면서도 냉철한 정의가 아닐 수 없다. 타인의 불행이란 곧 나와의 비교에서 그가 패자가 됨을 의미한다. 그는 상대적으로 자신이 가지지 못한 것을 나와 비교하며 패배감을 느끼고, 내게 부러움의 눈초리를 보낼 것이다. 엄밀히 말하면, 이러한 부러움의 눈초리가 행복감을 불러일으킨다고 볼 수 있겠다.

이 부러움의 눈초리는 '존경'이라는 단어로 이야기될 수 있다. '불안'이라는 책의 저자 알랭 드 보통에 따르면, 낮은 지위가 끼치는 영향은 물질적인 맥락에서만 볼 수 없다. 낮은 지위는 자존심을 건드리는 문제들을 낳기 때문이다. 아니, 그것이 오히려 일차적이다. 불편은 모욕을 동반하지만 않으면 오랜 기간이라도 불평 없이 견딜 수 있다.

병사나 탐험가들은 사회의 극빈층이 겪는 것보다 훨씬

더 심한 궁핍을 기꺼이 견디지만, 다른 사람들이 자신을 존경한다는 것을 알기 때문에 버텨낸다. 마찬가지로 높은 지위가 주는 유익은 물질적 부에 한정되지 않는다. 부자들 가운데는 다섯 세대가 써도 남을 만큼 돈을 축적하고도 만족할 줄 모르고 계속 모으는 사람이 많은데, 부의 축적을 경제적인 이유만 가지고 설명하려 할 때만 그들의 노력이 이상해 보일 뿐이다. 그들은 돈 만큼이나 돈을 모으는 과정에서 파생되는 존경을 추구한다.

애덤 스미스는 '도덕적 감정론'에서 이같이 말했다. '이 세상에서 힘들게 노력하고 부산을 떠는 것은 무엇 때문인가? 탐욕과 야망을 품고, 부를 추구하고, 권력과 명성을 얻으려는 목적은 무엇일까? 생활필수품은 노동자의 최저 임금으로도 얻을 수 있다. 그렇다면 인간 삶의 위대한 목적이라고 하는 이른바 '삶의 조건 개선'에서 얻는 것은 무엇인가? 다른 사람들이 주목하고, 관심 쏟고, 공감 어린 표정으로 사근사근하게 맞장구를 치면서 알아주는 것이 우리가 거기에서 얻을 수 있는 모든 것이라고 말할 수 있다.'

탐미주의자나 쾌락주의자가 되겠다는 사람은 별로 없

다. 하지만 '존엄'은 거의 모두가 갈망한다. 이렇듯 '존경의 욕구'는 인간 본성에서 나오는 가장 강력한 욕구임이 틀림없다. 이로써 우리는, 우리가 원하는 멋진 삶은 남들이 부러워하는 삶이며, 이는 존경의 욕구에서 비롯됨을 알 수 있다.

존경 욕구를 드러내는 것 = 열등감을 드러내는 것

　존경의 욕구는 자기표현과 커뮤니케이션 과정에서 여실히 드러난다. 대부분 사람은 이러한 존경을 얻기 위해 자기 자신이 남들에게 어떻게 보여지는가에 대해서 고민한다. 그리고 조금 더 나은 나의 모습을 보여주기 위해 노력한다. 대부분의 경우, 존경의 대상이 되기 위해 상대방에게 나의 본모습이 아닌, 내가 마음속으로 느끼는 실제의 자신과 다른 나의 모습을 남에게 인식시키려 한다. 하지만 이러한 솔직하지 못함은 자연스럽지 못한 과장으로 인해 어색해질 뿐이며, 스스로도 적잖은 스트레스를 받는다.

물론 실제의 나와는 다른 모습으로 나를 인식시키는 데 성공할 때도 있다. 마음속으로는 자신감이 없는데도, 상대는 나를 자신감 넘치는 사람으로 생각한다. 내가 하는 일이나 내가 가진 지위가 그다지 좋지 않은 것임에도 불구하고, 상대방은 나의 성취가 대단한 것인 양 생각한다. 이러한 존경을 얻으면 행복해질까? 별로 그렇지 않다는 것이 더 문제다. 이러한 사람 대부분 자신이 누구에게 호감을 얻고 싶은 것인지에 대한 명확한 기준이 없다.

그래서 누구에게든 맞추려 하고 누구에게든 호감을 얻으려 한다. 그렇게 상대하는 모든 사람의 표정을 살피고 분위기를 맞추다 보면 견딜 수 없을 정도로 지친다. 그리고 점차 자기를 다른 사람에게 잘 보이려 하는 것 외에는 인생의 목표를 잃어버린다. 오히려 자신의 본모습에서 한층 멀어질 뿐, 내가 원하는 삶의 의미도, 나 자신이 누구인지도 알 수 없게 되는 것이다.

게다가 나의 본모습이 아닌, 과장된 모습에 끌려올 사람이라면. 그다지 내게 필요한 사람이 아닐 가능성이 크다. 알랭 드 보통은 이를 '속물'이라 말한다. 이 말은 1820년대 영국에서 처음으로 사용되었다. 이는 처음에

귀족과 일반인을 구분하기 위해 사용되었으나 현대에 와서는 사회적 지위와 인간의 가치를 똑같이 보는 사람들을 의미하기 시작했다. 속물의 일차적 관심은 권력이며, 권력 구조의 변화에 따라 자연스럽게 그리고 순식간에 속물의 존경 대상도 바뀐다. 속물 집단은 우리에게 분노를 일으키거나 좌절감을 안겨준다. 우리의 자질을 사회적으로 인정받는 표지 - 즉 지위로 제시하지 못한다면, 우리 존재는 그들에게 전혀 관심의 대상이 되지 못한다. 그들은 있는 그대로 나를 바라보고 존경하는 대상이 아닌, 당신의 권력이나 명성에 기대려 하는 사람들이다.

이러한 과장된 자기표현을 하는 데는 근원적인 오해가 있다. '남의 마음에 들기 위해서는 그들이 좋아할 만한 특별한 행동을 해야 한다는 착각'이다. 심리학자 가토 다이조는 이러한 기대 부응에 따른 스트레스를 '노이로제'라 정의한다. 그들은 아무것도 안 해도 주위 사람들이 자신에게 호의를 가질 수 있다는 사실을 상상조차 하지 못한다. 오히려 주위의 기대에 부응하지 못하면 몹쓸 사람이 되는 것으로 착각하고 있다. 그렇게 하지 않으면 몹쓸 사람이라고 여기는 것은 바로 자기 자신뿐이다. 그런데도 남들이 모두 그렇게 생각할 것이라 확신한다.

이러한 노이로제 상태에 시달리는 사람 대부분이 열등감을 가지고 있다. 남과 나의 비교에서 스트레스를 받고, 그들보다 잘나야 한다는 의식 대부분이 열등감에서 시작된다. 열등감이 강한 사람은 자기가 중요한 인물인 것처럼 보이기 위해서는 부와 명예가 필요하다고 생각한다. 그래서 끊임없이 자기를 과시해 나간다.

　다른 사람에게 자기가 중요한 인물이라는 인상을 심어주기 위해 실력 이상의 지위를 노리게 되고, 그것이 스트레스가 된다. 그들은 실패할 경우 자기의 이미지가 손상되어 사람들로부터 인정을 받을 수 없게 된다는 두려움 때문에 보통 사람들 이상으로 실패를 두려워한다. 열등감이 강한 사람에게 있어서 실패는 자기의 바람을 이루지 못하는 것이 아니라 다른 사람들로부터 조소를 당하는 것이기 때문이다.

　우리는 '존경을 얻기 위해 자신을 과장하고 어깨에 힘을 주는 것은 나의 열등감 표현이며 결국은 나의 내면적 행복감을 충족시키지 못한다.' 는 결론에 도달한다. 사람은 약해도 사랑받는다. 하지만 약하면서 강한 척 하기 때문에 미움을 받는다. 사람은 무엇인가 할 수 있는 일이 없더라도 사랑을 받을 수 있다. 할 수 없는데 할 수 있는 척 하기 때문에 미움을 산다. 수치스러운 것, 견디기 어려운 것, 그런 작은 문제들을 솔직하게 인정하고 털어놓을 수 있을 때 문제는 해결된다. 존경을 얻으려 할수록 당신은 오히려 나약한 열등감을 드러내게 되는 것이다.

나르시시즘

    적당한 나르시시즘은 누구나 가지고 있다. 나르시시즘의 본질은 자기애와 자기 존중이기 때문이다. 따라서 적당한 나르시시즘은 은연중에 자신을 드러내며 호기심을 불러일으키고 그를 더욱 매력 있고 가치 있게 만든다. 하지만 강한 나르시시즘은 소통을 방해하고 상대에게 불쾌감을 안겨주곤 한다. 자신에 대한 믿음이 지나치게 강한 사람은 상대를 존중하기보다는 자신이 우위에 있음을 내비치려 하고, 소통의 기본이 되는 동등함에 대한 인정과 수평적 관계를 무너뜨리기 때문이다.

일 때문에 본의 아니게 명사들을 만날 기회가 많았다. 대부분 명사는 오랜 시간 그 분야에서 인정받고 성실히 자신의 책무를 수행해 온 사람들이었으며, 그 때문에 그 분야의 일인자가 될 수 있었다. 그분들은 말하기보다 경청하는 습관을 가지고 있었고, 대화에서 늘 상대방을 존중하는 태도를 보였다. 하지만 시대의 흐름과 유행에 따라 과대평가 된 몇몇 명사들을 만났을 때는 그러한 점을 느끼지 못했다. 자신에 대한 자랑을 늘어놓으며 상대방의 이야기에는 관심이 없었다. 오로지 자신에게 주어질 이득과 평가에만 관심이 있었고, 대화에서도 늘 우위에 있으려 하는 태도를 보였다.

그들이 생각하기에 그런 자신에 대한 평가가 오로지 객관적인 분석을 기준으로 한 팩트였을지라도 과한 드러냄은 되려 촌스러운 인상을 심어주었다. 결국 그들은 그렇게 유행으로 끝나버리고 말았다.

강한 자가 악하고 약한 자가 선하다는 프레임

세상 살다 보면 강한 자가 악행을 저지르고 약한 자가 그 갑질에 당하는 프레임을 많이 보았을 것이다. 조씨 일가의 갑질 땅콩 회항 사건이나 있는 자가 권력을 이용하여 약한 자를 괴롭히는 사건. 그러나 요즘 세상에선 그런 프레임이 바뀌고 있다.

오히려 강한 자가 선하고 약한 자가 악한 경우다. 노점상을 운영하는 사람들은 세를 내지 않는다. 세를 내지 않고 많은 돈을 벌어들인다. 그러나 단속반이 뜨면 "서민들 다 굶어 죽으라는 거냐?"라며 앓는 소리를 해댄다.

노점상을 운영하는 사람 중 진짜 서민도 있을지 모른다. 그러나 그렇게 세금 안 내고 벌어들인 돈으로 건물을 사고 자신은 떳떳하게 돈을 벌었다며 으스댄다. 약한 자가 가난을 무기 삼아 세금을 회피하고 돈을 벌어들이는 것이다. 물론 모두가 그런 것은 아니다

어떤 카페에 들어갔더니 사진을 올려야 등업을 해준다고 해서 사진을 올리며 '저 유부녀니까 작업은 노노.'라고 올렸다. 그랬더니 자신은 50대고 장애를 가지고 있어서 결혼 못 했다며 쪽지를 보내더라. 화가 나서 그 사람의 아이디와 쪽지 내용을 올렸더니 "장애인은 보호받아야 하는 대상인데 너무한다."라고 오히려 나를 비난하더라. 여기서 장애인 자신의 장애를 특권 삼아 나쁜 행동을 해도 이해받아야 하는 대상이라는 이상한 논리가 있음을 알았다.

자신이 손가락 받을 짓을 하고도 자신의 학벌과 가난을 무시했다며 적반하장으로 나오는 경우도 많이 봤다. 정작 자신이 욕먹는 이유는 따로 있는데 오히려 자신을 무시해서 그렇다며 자신의 컴플렉스를 무기 삼아 상대를 공격하는 것이다. 이를 결론적으로 본다면 더 이상 가진

자가 악하고 가난한 자는 선하다는 프레임은 통하지 않는다.

호의가 계속되면 권리인 줄 안다

선의로 남을 도왔는데 감사 인사는커녕 원망을 듣는 경우가 있다.

신입 사회복지사인 친구는 김장하며 이웃과 나누고 그들이 즐거워야 할 생각에 들떠 있었다. 그런데 김장을 마치고 나누어 주면서 그의 생각은 힘없이 무너지고 말았다. 김장을 받은 이웃들은 그에게 감사해하기는커녕 불평만 늘어놓았다. 잘 걷지 못하는 사람들은 배달을 해주기로 하고 걸을 수 있는 사람들은 직접 가져가라고 통보했다. 그랬더니 걸을 수 있던 사람들까지 자신도 힘이 들어 아픈데 어떻게 자신들에게는 배달을 안 해주냐며 전화로 그들을 닦달했다. 어쩔 수 없이 일손이 모자랐지만, 배달을 해주었다. 그러자 며칠 뒤 삼겹살을 싸게 파는 행사장에 나와 있는 아주머니를 발견했다. 친구는 화가 나서 아주머니에게 "김치는 다리가 아파서 못 가져가신다더니 삼겹살은 사러 나오셨네요?" 그러자 아주머니는 친구를 향해 쌍욕을 했다. 그런데 친구는 아주머께 그런 말은 하지 않는 게 나았겠다며 미안해했다. 나는 왜 베푼 친구가 도리어 미안해야 하는지 이해가 안 됐다.

또 한 명은 학과 친구였는데 알고 보니 우리나라 자전거의 탑 브랜드로 손꼽히는 ***자전거의 사장 아들이었다. 처음에는 친구들이 그와 친하게 지내려고 들러붙었다. 그런데 선배가 다치자 그는 선뜻 10만 원을 주었다. 그 선배는 '10만 원'이라는 큰 액수를 받았는데도 불구하고 사장 아들이라는 게 고작 10만 원을 준다며 그를 비꼬았다. 다른 친구들도 마찬가지였다. 그에게 도움을 받을 때마다 고마워하기는커녕 사장 아들이 고작 이것밖에 안 줘? 라며 그를 깎아내렸다. 그는 영문도 모른 채 뒤에서 공공의 적이 되어 비난 받고 있었다. 그가 비난받는 이유는 시기와 질투 때문이었는데 그것을 알만한 사람들이 그를 깎아내리고 있던 것이다.

 이시언 배우는 누구라도 알 것이다. 그는 코로나19 의료진들에게 100만 원을 기부했다. 그러나 기부의 '기'자도 꺼내지 못할 사람들이 그의 행보에 좀생이네 기부가 적네 욕을 해댔다. 왜 그들은 남을 돕고 선행을 했는데 감사 인사는 받지 못할망정 비판받았던 것일까? 그 이유는 죄책감에 있었다. 죄책감의 사전적 뜻은 '저지른 잘못에 대하여 책임을 느끼는 마음'이다.

 죄책감은 인류의 윤리, 도덕과 관련된 인류의 기본 정서이다. 따라서 죄책감은 자신이 도덕규범을 어겼을 때 느끼는 마음의 표현으로 잘못해서 남에게 상처를 주고 너무 많이 받아서 보답할 수 없는 불균형에서 비롯될 때가 많다. 그러나 사람들이 자신이 저지른 잘못을 보상할 능력이 없거나, 다른 사람이 주는 도움에 보답할 능력이 없어 인간관계를 균형 상태로 되돌릴 수 없을 때 오랜 기간 죄책감을 느끼게 되면 생각에 왜곡이 일어나게 되고 자책하게 된다.

 균형 상태를 되찾기 위해 또 다른 기능을 발전시키는

데 이것이 바로 '공격'이다. 이기적이게도 내부를 공격해 자책감을 느끼기보다는 외부를 공격해 관계를 균형 잡힌 상태로 되돌리는 것이다. 그래서 죄책감을 가진 사람들은 작은 것이라도 상대방에게서 잘못을 찾아 공격하기 시작한다. 왜냐하면 자신만 잘못한 것이 아니라 사실 상대에게도 잘못이 있다고 생각하면 관계가 균형을 이루기 때문이다. 상대방에게 빚진 것을 갚지 않아도 되기 때문이다.

헤겔은 죄책감을 자연적 존재에서 규범적 존재로 이행하는 과정에서 발현되는 감정으로 인지했다. 이는 즉 사회적 감정에 근접한 것이라는 의미다. 니체도 죄책감을 자연의 본성이 아니라 사회적 학습에 의해 체득된 것으로 파악했는데 헤겔의 관점과 일맥상통한다. 헤겔과 니체의 관점을 수용한다면 죄책감은 정신의 현상학이 아닌 인간학의 주제가 되어야 마땅하다. 독일 철학자 네켈도 "모든 수치와 죄책감은 사회적이다. 왜냐하면 그것은 규범들과 관련되어 있으며, 이는 오직 사회적 삶 속에서 생성될 수 있기 때문"이라고 했다.

법률 같은 사회적 규범을 의식한다는 것은 '타인의 존

재'를 인식하고 체험한다는 뜻을 내포하고 있다. 타인을 내 안에 비춰보는 행위, 즉 '내 안의 타자'는 죄책감과 수치심의 발원지이다. 규범적으로 관계하게 되는 타자와의 관계 속에서 내 안의 타자에게 죄책감을 느끼게 되기 때문에 그 죄책감을 덜기 위해 타인을 공격하게 되는 것이다.

너무도 치졸하고 졸렬한 행위지만 할 수 없다. 그렇게라도 해야지 갚지 않고도 죄책감에 시달리지 않는다니까. 그냥 웃어넘기자. 그 사람들에게 뭐라 해서 무엇을 얻겠는가? 이제 선한 마음으로 다른 사람을 도울 때 지금 당장은 그가 무엇을 할 능력이 없더라도 나중에 능력이 되면 그에게 남을 도와주라고 요청하는 것을 잊지 말자. 그러면 그는 자신의 가치를 높이고 세상에 가치를 더하기 위해 베풀고 나눔으로써 세상을 더 아름답게 만들 것이다.

그리고 누군가를 도울 때 개인을 선정하여 돕기보다는 재단 측에 기부하거나 익명으로 도울 때 나쁜 말도 안 듣고 시원하게 베풀 수 있을 것이다. 베푼 사람에게 보은을 기대하지 말아라. 너만 다친다. 또한 그 사람이 바라지 않은 과도한 선행은 피하자.

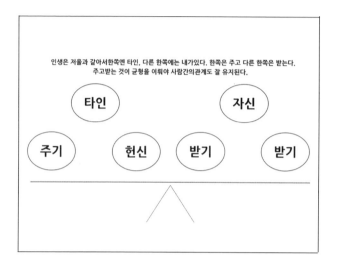

인생은 저울과 같아서 한쪽엔 타인, 다른 한쪽에는 내가있다. 한쪽은 주고 다른 한쪽은 받는다.
주고받는 것이 균형을 이뤄야 사람간의관계도 잘 유지된다.

타인   자신

주기   헌신   받기   받기

* 타인과 나와의 관계 저울

사과는 어느 때 해야 할까?

내가 그럴 의도가 없었더라도 상대방의 기분 나쁘게 했다면 사과해야 한다.

어제 나는 정말 황당한 일을 겪었다.

이틀 전에 알게 된 중국인 여자 친구가 나에게 자신의 남자 친구 성기 사진을 보낸 것이다. 나는 즉각 화를 내며 이게 무슨 의도냐고 물었고, 그녀는 그저 자랑하고 싶었다며 내게 왜 그렇게 화를 내냐며 이상하다는 반응이었다. 나는 궁금해하지도 않았던 중국인 성기 사진을 봐야 했고, 그것으로 기분이 나빴다며 그녀에게 사과를 요구했다. 그러나 그녀는 네가 화를 내는 이유를 모르겠다며 자신은 미안한 것이 없다며 사과하지 않았다. 그래서 어제부로 연락을 끊었다.

앨라바마 대학의 질만(Dolf Zillmann)은 가장 효과적인 사과의 시기에 대한 연구를 실시했다. 연구원들은 대학생들을 대상으로 생리 반응에 따른다. 양한 시각 자극 효과라는 실험을 진행했는데, 신체 반응 측정을 위해 혈압과 심박률, 그리고 피부 온도가 측정되었다. 실은 참가자의 분노 수준을 측정하기 위해 사용된 것이었다.

실험을 진행하는 동안 참가자들은 두 타입의 연구원을 만나게 된다. 한 연구원은 무례한 역할을 맡았고, 다른 연구원은 평범한 연구원 역할을 맡았다. 무례한 역할을 맡은 연구원은 실험이 진행되는 동안 여러 차례 참가자의 기분을 상하게 하는 말과 행동을 보였다. 질만의 실험에서 무례한 발언을 한 사람이 직접 사과하지는 않았지만, 함께 실험을 진행한 연구원이 무례한 연구자의 언행에 대한 이유를 설명하고 사과했다. ex)같이 들어온 연구원이 최근 시험 때문에 매우 예민한 상태입니다.

이때 이유를 설명하고 사과하는 시기는 서로 달랐다.

1. 갈등 전 정보(사과) 제공
2. 갈등 후 정보(사과) 제공
3. 아무 정보(사과) 없음

실험을 모두 마친 후, 참가자들은 연구자에 대한 평가와 관련된 설문을 받게 된다. 이 과정을 통해 사과의 유무와 타이밍에 따라 상대방에 대한 분노와 복수심에 차이가 있는지를 측정했다.

연구 결과,
① 참가자들은 무례한 연구원이 예의 없는 행동을 하기 전, 미리 상황을 알고 있었을 경우 가장 빨리 안정을 찾았고 오히려 동정을 표현하기도 했다.

② 무례한 행동을 겪은 후에 즉시 사과받았을 때의 경우, 문제 상황을 겪었을 때 상대적으로 크게 분노하였지만, 사과받은 직후에는 크게 분노가 감소하여 빠르게 평균 수준을 되찾아 갔다.

③ 아무런 사과가 없었을 때는 쉽게 분노를 가라앉히지 못했다.

더불어 사과의 타이밍에 따라, 무례한 연구원에 대한 평가도 달랐다. 아예 사과받지 못한 그룹과 마찬가지로, 사후에 사과받았지만 이미 불쾌한 감정을 느낀 그룹은 연구원에 대해 상대적으로 더 보복성이 있는 나쁜 평가를 내렸다. 즉, 보복의 경우는 사과가 없었던 그룹과 나중에 사과받은 그룹이 비슷했다. 내가 악의 없이 한 행동이었더라도 상대방이 불쾌함을 느꼈다면 사과해야 한다.

'사과 전문가'로 국제적으로 저명했던 미국의 사회학자인 아론 라자르 박사는 다양한 임상경험과 수천 건의 사례를 모아 2020년 〈사과에 대하여〉라는 책을 썼다. 그가 말했던 첫 번째 덕목은 상대방이 기분 상했다는 것을 인지하고 책임을 지는 자세다. "이건 내 잘못"이라고 확실하게 인정하라는 것이다, "당신이 기분 나빴다면(혹은 불쾌했다면), 내가 사과할게(그럴 의도는 없었지만)"라는 멘트는 쓰지 않는 것이 좋다. 여전히 상대방의 고통을 인지하지 못했다는 뜻으로 들리기 쉽다.

잘못을 인정하는 내용도 구체적일수록 좋다. 예를 들어 "어제 내가 화냈던 것 미안해." 보다는 "어제저녁 당신의 말을 자르고, 소리를 크게 질러 화낸 것은 내가 잘못했고 미안해." 하고 말해야 상대방이 무엇에 대해 사과하는지 알고 진심으로 받아들인다는 것이다.

사과 전문가 아론 라자르 박사는 누구나 사과가 무엇인지 안다고 생각하지만, 사과는 생각보다 어렵고 복잡하고 예민한 문제라고 말한다. 사과는 다양한 조건과 절차, 전략이 담긴 고도의 행위로 사과의 가치 및 특성, 사과 안에 감추어진 속내, 사과의 동기, 사과의 타이밍 등을 이론적으로 파악해야 한다고 말한다. 어떻게 보면 그 중국 친구는 거짓 사과를 하지 않고 나와 관계를 끊은 것이 현명했다는 생각이 든다. 사과할 마음이 없는데 거짓으로 사과했다면 오히려 더 좋지 않은 결과가 올 수도 있었다.

사과는 최대한 빠르게! 진정성 있게! 명심하자.

언더도그마의 법칙

　며칠 전 사기 사건으로 인해 원하지 않았지만, 경찰서로 향했다. 그 안에서 내 마음을 불편하게 했던 일이 있었다. 사기 친 범죄자가 자신은 가난하고 배운 것도 없고 부모도 이혼했다며 자신의 불쌍함을 어필해 사기 사건과 아무런 관련이 없던 일들로 자신을 변호했다. 분명 사기당한 사람은 나였으며 손해를 본 사람 또한 나인데 이상하게 그 사람에게 면죄부를 줘야 할 것 같은 기분이었다.

　이 이상했던 감정이 불편함이 되어서 쌓여갈 때, 이것이 논리성과 합리성을 방해하는 언더도그마의 심리라는 것을 알게 되었다. 쉽게 말해 논리학에서 우리가 배웠던 '감정 호소에 의한 오류'가 이것이었다. 이렇게 쉽게 설명되다니! 그동안 난 무엇을 배우고 있었던 것인가. 한탄할 시간도 없이 이 논리를 찾아보았다. '언더도그마'란 힘이 약한 사람들이 약하다는 이유로 선하고 고결하며, 힘이 강한 사람은 힘이 강하다는 이유로 비난받아 마땅하다는 믿음이다. 이는 논리성을 방해하고 당신의 합리적인 판단을 방해한다.

미국이 당한 9.11 테러를 기억할 것이다. 처음에는 분명히 미국이 피해자였지만 언더도그 주의자들은 돈 많은 미국이 피해자가 아닌 가해자라고 주장한다. 그래서 미국의 피해자 이미지를 지우기 위해 처음 한 행동은 미국에 대한 동정심을 지우려고 충격적인 사진들을 지웠다. 그리고 테러리스트들에게 테러리스트라는 말을 지웠다. 그다음에 그들과 자신들은 도덕적으로 차이가 없다는 생각을 퍼뜨렸다.

영국의 〈데일리 텔레 그래프〉와 호주의 〈시드니 모닝 헤럴드〉는 "도덕적으로 차이가 없다는 것은 오사마 빈 라덴과 부시가 근본주의자라는 동전의 양면을 보여준다"라고 논평했다. 그다음은 미국의 외교정책을 비난했다. 장 크레티앙 캐나다 총리의 발언은 9.11 테러를 오만하고 자기 만족적이며 끝없이 탐욕적인 미국의 모습과 연관 지었다. 이러한 이유로 빈 라덴 티셔츠가 유행하고 미국이 도리어 비난받게 된 것이다.

러시아의 옛날 이야기에는 우연히 마술 램프를 발견한 농부가 등장한다. 농부가 램프를 문지르자 요정이 나타나 소원을 말하라고 한다.

그러자 농부가 "이웃집에 젖소 한 마리가 생겼는데 가족이 다 먹고도 남을 만큼 우유를 얻었고 우유를 얻었고 결국 부자가 되었어."

그러자 요정이 물었다.

"그럼 이웃집처럼 젖소를 한 마리 구해 드릴까요? 아니면 두 마리?"

농부가 대답했다.

"아니, 이웃집 소를 죽여줬으면 좋겠어."

이 이야기는 시기 혹은 질투의 개념을 말해준다.

이와 관련하여 2001년 옥스퍼드 대학과 워릭 대학의 몇몇 경제학자가 사람들에게 각자 같은 액수의 돈을 주고 이웃 돈을 태우는데 25센트의 비용이 든다는 실험을 했다. 다른 사람의 돈을 태우는데 자기 돈도 줄어든다는 것이었다. 결과는 깜짝 놀랄 만한 것이었다. 사람들은 다른 사람들의 돈을 태우는 데 자기 돈을 쓰려고 했을까? 답은 YES이다. 실험 대상자들은 다른 사람의 돈을 태우는데 자기 돈 상당액을 들였다.

많은 돈이 많은 힘을 의미한다면 이런 힘에 대한 경멸은 너무 강해 실험 대상자의 2/3가 자기 돈을 써가면서까지 타인의 재산을 줄이려 했다. 이것은 '개인적 차원의 언더도그마'이다.

언더도그의 반대말은 오버도그다. 힘이나 권력 등이 있는 잘난 인간을 뜻한다. 언더도그였던 사람이 한순간에 유명인이 되면 오버도그로 비난받는다. 그래서 사람들은 비난을 피하려고 겸손하지 않아도 겸손한 척해야 한다. 정치는 가장 교활하게 언더도그마를 이용한다. 그들은 출세와 부를 꿈꾸지만, 표를 얻을 때면 누구나 서민 편이란다. 우리 안에 뿌리 깊게 박혀 있던 언더도그마. 그것을 없애야 진실의 편에 설 수 있을 것이다.

자기 의심과 불안

    자기 의심은 자신을 다독이고 반성하며 다시 설 수 있게 하지만 뭐든 그렇듯이 지나치게 되면 자신에게 한계를 설정해 수많은 가능성과 훌륭한 경험의 기회를 놓치게 만든다. 겸손을 중시하는 동양 문화에서는 개인의 성장을 유도할 때 '억압'이나 '비난' 등의 방법으로 불안 심리를 유발해서 독려하는 경우가 많다. 타인 앞에서 칭찬하기보다는 결점을 들추어 다른 이와 비교하는 것처럼 말이다. 이렇게 외재적인 평가가 계속되면 내재적으로도 자신이 훌륭하지 못하다고 생각할 가능성이 커진다.

이와 달리 서양에서는 '격려'와 '칭찬'에 더 적극적
이다. 미국에서 유년 시절을 보낸 내 친구는 영어 실력
이 부족하여 숙제를 제대로 할 수가 없었다. 하지만 선
생님은 엉망진창인 그녀의 숙제에 'very good'이라는
평가를 주었다. 사실 'very good'은 잘하지 못했을 때
받는 평가이고, 정말 잘했다면 'excellent'나 'brilliant,
exceptional' 등의 표현을 쓴다는 것을 나중에야 알았다.
하지만 선생님께 칭찬받아 신이 났던 그녀는 낯선 타지
에서 자신감을 얻어 실패하더라도 두려움을 겪지 않았
다.

살면서 불행히도 망치의 타격을 자주 받는다면 '가면
증후군'에 걸릴 확률이
높아진다. 1978년 미국
의 심리학자 폴린 로즈
클랜스와 수잔 임스는
'이뤄낸 성취, 처한 상
황, 타인의 인정과 관심
을 소유할 자격이 없다'
라고 여기는 현상을 '가
면 증후군'이라 정의했

방어기제

가면 증후군

다. '가면 증후군'이란 사회의 분위기와 밀접한 관련이 있다. 자신의 성공이 노력이 아니라 순전히 운으로 얻어졌다고 생각하고 지금껏 주변 사람들을 속여 왔다고 생각하면서 불안해하는 심리이다. 이러한 현상은 여성에게서 많이 나타났고 아인슈타인도 업적을 이룬 후 초래된 자아 팽창(ego inflation) 때문에 불안감을 느끼고 자신이 사기꾼이 된 것 같다고 친구에게 토로한 적이 있다.

조사 결과, 그들은 스스로가 똑똑하지 않고, 사람들이 자신을 과대평가한다고 생각했다. 또한 클랜스와 임스는 이 증후군을 가진 여성들에게서 몇 가지 특징을 발견했다. 그 여성들은 자신이 운으로 성공했다는 것을 들키지 않으려고 지나친 성실성과 근면함을 보였다는 것이다. 또한 상사에게 칭찬받거나 인정받기 위해 자신의 직관이나 매력을 사용하기도 했다. 심리학에서는 가면 증후군을, 타인에게 높은 수준의 기대를 받고 실패에 대한 두려움도 높은 사람들이 최악의 상황이 발생했을 때 겪을 충격을 사전에 완화하려는 방어기제(defense mechanism)의 일환으로 본다.

영국의 심리학자 힐먼(Harold Hillman)은, 가면 증후군을 앓는 사람들은 타인의 시선에 과도한 신경을 쏟는다고 말하며, 저서 《사기꾼 증후군》에서 '진정성'을 중요한 치료법으로 꼽았다. 즉, 있는 그대로의 자신을 사랑하며 자존감을 키우는 것이 가장 좋은 치료법인 것이다.

나 또한 가면 증후군을 겪었다. 레이싱 모델로 스포트라이트를 받을 때 그 순간을 즐기지 못했다. 못생겼다고 말하는 타인의 시선이 그러했고 바이크를 타서 레이싱 모델이 되었다는 평가 때문이었다. (본인은 대림자동차에서 미들급 바이크 VJF250이 나오자 그 바이크의 모델로 데뷔했다. 당시 2종 소형을 따고 미들급 바이크를 몰고 모델로 데뷔할 사람은 내가 유일했다. 당시 활동하던 모델들에 비해 평범했다.) 그런데 그렇게 말했던 사람들을 생각해 보면 죄다 나보다 외모로 승부해서 질것 같은 사람들이었다.

심리 투영 (心理 投影, psychological projection) 혹은 심리 투사 (心理 投射)는 자기의 측면을 타인에게 전가하는 것을 말한다. 방어기제의 일종으로, 자신의 무의식적 충동이나 특성을 타인에게 전가함으로써 자신에게 그런 충동이나 특성이 있다는 사실을 부정한다. 말하자면 자신이 가진 외모가 뛰어나지 못해서 남을 더 비하하는 것이다. 정말 그랬다. 정말 못생기고 뚱뚱한 사람들이 남외모에 감 놔라 배 놔라 참견하는 것이다. 정말 많이 겪었지만, 이제는 자기들이 못생겼다는 걸 남한테 푸는구나 하고 넘긴다.

불안의 역설

    우리는 흔히 불안을 쓸데없는 감정이라 여긴다. 과연 실제로 그러한가? 불안은 견디기 쉬운 감정은 아니다. 하지만 불안한 감정에는 긍정적인 요소가 있다. 철학자 마틴 하이데거는 이렇게 말했다. "이 세상에서 생존하기 위해 우리는 불안해야 한다." 그는 아침마다 일어나 아이를 학교에 보내고, 출근하고, 회사 동료들과 소통하는 등의 모든 일이 우리의 모든 시간과 에너지를 점거한다고 여겼다. 그는 이 점거를 '함락'이라 부른다.

    간단히 말해서 사람들은 쉼 없이 하루를 살아내느라

삶의 의미를 잃는다. 하지만 적당한 불안이라는 감정이 생기면 그제야 우리는 자아를 감지하고, 과거를 다시 한 번 돌이켜 생각해 보게 된다. 그가 말한 '함락'을 심리학 용어로 바꾼다면 '안전지대'이다. 우리는 이러한 '안전지대'를 '함락'해서 삶을 변화시킨다.

* 적정한 불안의 쓸모

1908년, 심리학자 로버트 여키스와 존 도슨은 자극과 성취도에 관련된 유명한 실험을 했다. 두 사람은 실험용 쥐에게 임무를 주었는데 쥐가 임무를 완수하면 전기 충격을 피할 수 있고, 임무를 완수하지 못하면 전기 충격을 가했다. 그 결과 쥐는 중등 강도의 전기 충격에 가장 빠르게 임무를 달성한다는 사실을 발견했다. 실험이 끝난 후 두 연구자는 거꾸로 된 U자형 곡선으로 자극과 성취도 간의 관계를 나타냈다. 그 후로 거꾸로 된 U자형 곡선은 사람들의 스트레스와 불안 정도와 성취도 관련 분야에 대거 활용되었다.

위 실험처럼 불안과 성취도는 밀접한 관련이 있다. 불안의 정도가 낮으면 성취도도 낮았다. 반대로 스트레스와 불안의 정도가 높으면 성취도도 점점 높아졌고, 불안이 특정 수준에 이르면 최고의 성적을 낼 수 있었다. 하지만 불안이 적정 수준을 넘어서면 스트레스가 과도하여 성취도가 낮아진다. 즉, 과도한 불안을 느끼면 사람들은 심리적으로 위축되고 두려움이 쌓인다. 연구자들은 최고의 성과를 불러일으킬 수 있는 수준의 불안을 '적정 불안'이라고 정의했다. (어느 정도의 긴장감과 스트레스가 있어야 시험을 잘 본다.)

다음 그래프에서 보듯이 적정한 수준의 불안은 안전지대를 벗어나 미래를 준비하게 해준다. 하지만 과도하고 무익한 불안과 스트레스는 미래를 두려워하게 하고 과거에 집착하여 문제를 해결하지 못하게 할 뿐만 아니라 문제 해결을 위한 최적의 시기를 놓치게 한다.

작가 나탈리 골드버그는 이렇게 말했다. "스트레스는 일종의 무지 상태다. 스트레스가 쌓이면 모든 일이 매우 긴박하게 생각되지만 사실 그렇게 중요한 일은 없다."

내 딸에게 적절한 성취감과 긴장감을 심어주기 위해 태권도 학원에서 승급 심사를 받게 했다. 성공도 일종의 습관으로 성공의 경험을 아이에게 일깨워 주었으면 하는 마음에서였다. 그리고 실패할 경우 탄력적으로 대처할 수 있도록 회복탄력성을 일깨워 주기 위함이었다. 회복 탄력성이란 스트레스를 받으면 고무줄과 같이 원상 복구될 수 있는 자신만의 대처 방법이다.

필자는 오랜 침체기 끝에 마음이 맞는 출판사를 찾아 어렵게 작가로 재 데뷔하였다. 나를 다시 일어서게 한 것은 많은 이들의 관심과 사랑 그리고 가족들의 희생이었다. 그중에서 가장 컸던 것은 바로 나 자신의 회복탄력성 덕분이었다. 좌절은 다시 일어나게 하는 발판이다. 앞으로도 나아가야 할 길에 장애물이 있다면 용기 있게 의연하게 나만의 회복탄력성을 시험해 보겠다.

에티시즘 이란?

　쇼펜하우어에게 인간의 에로티시즘, 혹은 성욕이란 것은 개체들의 작은 의지와 그 이면에 존재하는 더 거대한 맹목적 의지를 가장 잘 보여주는 사례였다. 우선 정신적으로 보면 성욕이란 것은 그의 말대로 "어떤 특정한 개인을 대상으로 해서 그 사람을 통해 성욕이 만족되면 모든 것을 얻은 거 같은" 확신을 심어준다. 하지만 쇼펜하우어는 성욕에 빠진 인간의 신체적 변화도 간과하지 않았다.

　어떤 성적 대상에 에로티시즘을 느낀 우리의 몸에는

호르몬이 저절로 분비되기 때문이다. 그렇다면 정신적 차원과 육체적 차원에서 동시에 작동하는 개체의 성욕을 통해 맹목적 의지가 진정으로 실현하길 원했던 것은 무엇일까? 쇼펜하우어는 종족 보존이라는 측면에서 그 답을 구한다.

표면적으로는 사랑하는 남녀가 자유롭게 사랑과 결혼 생활을 영위하는 것처럼 보이지만, 그것은 종족을 보존하려는 맹목적인 삶의 의지의 한 책략 혹은 한 가지 계기에 지나지 않는다. 〈이기적 유전자〉에서 도킨스는 생명의 운동에서 인간 개개인은 매체에 지나지 않을 뿐 생명의 진정한 주인공은 바로 유전자라고 주장한다. 이에 따르면 모든 개별 생명체는 유전자의 의도를 실현시키는 단계적 매체에 불과하다는 것이다.

잊지 말아야 할 것은 도킨스는 쇼펜하우어의 절반만 취하고 있다는 것이다. 도킨스가 유전자와 맹목적 의지에 복종할 때 쇼펜하우어는 의지의 간지(사이)를 극복하려고 했다. 종족 보존의 의지와 같은 맹목적 의지를 절실히 자각해야 그것을 극복할 수 있다는 것이다. 하지만 바타유만은 인간의 에로티시즘이 동물들의 성행위와는 전

허 다른 성격을 갖는다고 주장한다. 인간이라면 누구나 알고 있지 않은가? 인간에게 에로티시즘은 단순한 생식 기능을 넘어서 무언가 유희의 느낌이 강하다는 사실을 말이다. 관음증, 페티시즘, 자위행위, 그리고 콘돔 등 임신 억제 도구 사용만 보더라도 인간의 에로티시즘은 그렇게 단순하지 않다.

그에게 에로티시즘은 사회적 금기 또는 이 금기에 대한 위반의 문제와 밀접한 관련을 갖기 때문이다. 사실 인간은 금지된 것에 대한 강한 욕망을 가지고 있는 존재이다. 이런 금지된 것에 대한 인간의 선망이 바로 성적인 것과 관계될 때 바타유가 말한 에로티시즘이 비로소 강렬하게 발생한다. 통제가 주어진다면 인간은 그 이유만으로 그 통제를 넘어서려고 하기 때문이다.

쇼펜하우어의 주장대로라면 게이나 레즈비언들은 어떻게 설명될 수 있을까? 게이나 레즈비언은 성을 바꾸는 트랜스젠더와는 다르다. 남자가 남자를 좋아하고 여자가 여자를 좋아하는 것이다. 방송인 홍석천이 가장 많이 듣는 말이 "왜 여자로 수술 안 해요?"라고 한다. 무지에서 비롯된 말이지만 그에게는 상처였을 것이다. 전에 다니던 회사의 사장님이 갑자기 "남자가 남자 좋아하고 여자가 여자 좋아하면 안 되는 것 아니야? 하나님이 여자는 남자와 남자는 여자와만 사랑하라고 하셨어." 라고 말씀하셨다.

나는 사람마다 그 사람의 취향이 있기에 존중되어야 한다고 말했다. 다르다는 것이 이해가 안 되면 인정이라도 했으면 한다. 인정한다는 것은 너와 내가 다르다는 인정이다. 인정을 하면 관계 맺기가 쉬워진다.

가난이 상상력을 구속할까?

돈은 사는 데 필요하다. 그렇지만 사는 데 필요한 돈은 수단이지 삶의 목적이 되어서는 안 된다.

"가난함이 내 상상력을 짓밟았다."
사실은 정반대다. 상상력의 부족함이 당신을 가난하게 만든 것이다.

인생이 더 나아지는 것을 제한하는 틀. 심리학에서는 이를 '제한적 신념'이라고 부른다. 인생에는 여러 가지 제한적 신념이 존재한다. 스토아학파의 마르쿠스 아우

렐리우스는 "자신이 생각하기에 따라 인생이 바뀐다." 고 말했다. 무엇을 어떻게 생각하느냐에 따라 한 사람이 만들어진다는 것이다. 한 번뿐인 인생을 하루하루 틀 속에서 갇혀서 지내는 것, 이와 같이 고통스럽고 안타까운 일이 또 있으랴. 스스로 만든 틀 속에서 갇혀서 지내는 것, 이 얼마나 고통스럽고 안타까운 일인가? 스스로 만든 틀에서 한 발짝 벗어나면 자신이 얼마나 우물 안 개구리처럼 살았는지 알게 된다.

철학자 헤겔은 이렇게 말했다. "보다 높은 이상이 없다면 인류는 쉬지 않고 일하는 개미 떼와 무슨 차이가 있는가?" 인간은 자신이 어떤 사람이 될 수 있는지, 어떻게 될 수 있는지 알고 있고, 그렇게 될 수 있다. 알튀세르는 "이데올로기가 인간을 주체로 탄생시킨다"라고 주장했다. 그는 인간이란 주체는 사회적 구조물에 지나지 않는다고 말한다.

구체적으로 자본가와 노동자 간에 벌어지는 계급투쟁은 '자유인들의 투쟁'이 아니고 생산관계라는 모순된 구조에서 야기된 것이라고 본 것이다. 만약 누군가가 자본주의적 구조에서 자본가의 배역에 캐스팅된다면 그는 자본가의 입장을 관철하려고 할 것이고 반대로 노동자의 배역에 캐스팅되었다면 노동자의 입장을 관철할 수밖에 없다는 것이다.

태어난 이데올로기에 의해 인간의 삶이 결정되는 것은 대부분 그렇다. 하지만 자기 삶이 자신에 의해 변화되지 않는다면 그보다 지옥은 없을 것이다. 그래서 알튀세르도 한편으론 인간이 지속적으로 새로운 이데올로기를 형성함으로써 자신의 자유를 구사할 수 있다고 주장하였다. 패배에 길들여진 사람은 어떻게 해도 먼저 패배를 생각하게 된다. 패배도 습관처럼 굳어지면 뭘 해도 실패할 것이라는 생각에서 벗어날 수 없다.

생각을 바꾸고 작은 것부터 천천히 성공해 나가며 성공하는 습관을 기르자.

젊은 세대가 곰표에 열광했던 이유

　'곰표' 하면 어떤 것이 떠오르는가? 내 세대는 오래된 밀가루를 떠올릴 것이고 젊은 세대는 들어본 적이 없었을 것이다. 그런데 이 오래된 브랜드가 밀가루를 넘어서 특별한 콜라보로 이미지 쇄신을 했다. 바로 맥주회사와의 협업으로 '곰표 맥주'를 출시한 것이다. 밀가루로 맥주를 만드니 관계가 아주 없었던 것도 아니다. 그다음에는 '곰표 패딩'을 의류회사와 함께 만들어 이 옷을 산 뒤에는 많은 엄마들의 "어디서 밀가루 포대 같은 옷을 구해왔어?"라는 잔소리와 등짝 스매싱을 불러왔다.

이는 "인싸템" "밀가룩" "관종 패딩" 등의 별명을 나았고 곰표는 이제 오래되어 잊혀가는 브랜드에서 "핫템" "잇템"이 되었다. 그리고 실제 옷도 품질이 꽤 좋았다고 한다. 이는 사회 소비심리학과 관계가 있는데 요즘의 소비 트렌드는 가성비(가격 대비 성능이 우수함)에서 가심비(가격 대비 만족도, 재미 비율이 높음)로 변화했기 때문이다. 그리고 소비자의 만족도도 디지털 시대에 걸맞게 매우 빠르게 변한다.

또 곰표가 성공한 요인은 제품의 양을 한정 판매해서 소비자가 가지고 싶어도 쉽게 구할 수 없게 했기 때문이다. 심리학자 브램에 의하면, 어떤 대상이 희귀해지고 한계가 생기면 사람들은 그 대상을 더욱 가지고 싶어 한다. 이런 경향성에 따라 희소성은 큰 매력으로 느껴져 소비자의 구매욕을 자극하게 되는 것이다.

곰표 패딩은 지금은 구하려고 해도 구할 수가 없다. 정해진 양만 판매해서 빨리 품절되었고 웃돈을 더 주겠다고 해도 중고 물품은 나오지 않는다. 그럼 거리에서 '곰표 패딩'을 입는 용자를 만나기란? 역시 쉽지 않다. 대부분이 실착용으로 샀기보다는 재미있어서 간직하기 위해

샀기 때문이다.

곰표 밀가루 팩트도 판매되고 있다. 간절히 사고 싶지만 지금 사면 쪼들리기에 품절되지 않기만을 바란다. 그리고 한정판 제품의 특성상 빨리 품절되므로 팩트와 리필용을 묶어서 판매하기에 비싸다.

아이디어가 훌륭하지 않은가? 곰표 밀가루 팩트라니. 쓴다고 관심을 받을 리는 만무하겠지만 너무 재미있다.

소통과 조화

　"타인의 시선은 지옥이다." 철학자 사르트르의 말이다. 공감하는 사람들이 많을 것이다. 우리는 원하든 원치 않든 타인의 시선이 개인의 영역을 침범하는 SNS의 시대에 살고 있다. 그렇다면 타인의 시선에서 자유로운 사람이 있는가? 신경 쓰지 않는다고 해도 자신을 규정짓는 가치 척도는 타인의 시선뿐이다. 예를 들어 나르시스가 자신의 미모를 알게 된 것은 타인의 관심 때문이었다. 타인이 하도 잘생겼다고 하니까 잘생긴 걸 안 거지. 자기 자신의 관점에서 자신을 규정지은 것은 아니었다.

동양의 인간관은 분리된 자아를 강조하는 서양의 인간관과 다르게 인간을 사회적 동물로 간주한다. 적어도 SNS로 대두되는 세상에서는 인간은 절대 혼자여서는 안 된다. 그래서 타인의 시선을 통해 자신을 반성하고 돌아보며 발전시켜야 한다.

공자의 논어에 보면 이러한 구절이 있다. 공자가 말하기를 "덕이 있는 사람은 외롭지 않으니 반드시 이웃이 있다."

子曰 : "德不孤, 必有隣"(덕불고 필유린)
덕이 있는 사람은 반드시 다른 사람들을 의식하고 그들이 무엇을 원하는지 항상 관찰하며, 그들과 항상 공존하고 이익을 공유하려 한다.

따라서 덕이 있는 사람은 외롭지 않고 나이가 들어서도 경제적으로 궁핍하지 않다. 힘들다면 그동안 도와주었던 많은 이들이 그를 도울 것이기 때문이다. 항상 타인을 의식하며 살면 피곤하겠지만 그렇다고 내 맘대로 사는 삶이 행복을 보장하지는 않는다. 타인과 동떨어져 자신만의 세계에서 숨어 사는 삶은 반드시 외로울 것이다.

그럼에도 그런 삶을 택하려 한다면 말리지는 않겠다.

우리는 자신만의 자아를 추구하며 혼자만의 인생 살기에서 벗어나는 것이 좋다. 내 주변의 이웃을 항상 살피며 누가 힘들지 않은지 신경 쓰며 사는 것은 나 자신의 삶이 불행하지 않도록 최선을 다하는 노력과 상통한다. 공자가 말하는 '덕불고 필유린'이란 적극적으로 자신의 생각을 글로써 표출하며 더불어 다른 사람의 글에 '좋아요'를 누르며 소통하는 것과 맥이 같다. 단지 '따봉충' '어그로꾼'이어서 글을 올리는 것과는 맥이 다르다. 그들은 소통이 목적이 아니라 관심받는 것이 목적이라서 사회에 물의를 일으키기도 한다.

이 세상은 누군가에게 주는 만큼 누군가에게 받게 되어있다. 오로지 주기만 해서도 안 되고 받기만 해서도 안된다. 자기 삶을 독립적으로 살아가면서도 타인과 조화롭게 살라고 공자는 이야기한다. 세상에서 성공하려면 세상을 제대로 이해하고 타인과 소통해야 한다.

마하트마 간디 _ 화에 대한 명언

'네가 맞는다면 화를 낼 이유가 없고 네가 틀렸다면 화를 낼 자격이 없다.' 마하트마 간디의 화에 대한 명언이다.

우리는 요즘 작은 일에도 유달리 화를 낸다. 코로나로 인한 지친 마음 때문이기도 하고 세상의 불평등을 피부로 느껴서이기도 하다. 요즘 유달리 묻지 마 범죄가 자주 일어나는 이유는 화를 내야 할 대상이 정해져 있지 않고 약한 사람은 공격하기에 편하다는 비겁함이 한몫한다. 유달리 화를 잘 내는 사람은 이유를 묻지도 따지지도 않고 미리 짐작하고 미리 단정 짓는 경향이 있다. 화를 내는 진짜 이유는 화가 나는 일이 벌어졌다는 이유에서 시작하지만, 나를 상대방이 무시했다는 웃기는 자격지심 문제이기도 하다.

옛 동화에 화나는 일이 생겨도 이유를 알고 나면 화를 내지 못한다는 교훈을 주는 이야기가 있다. 한 절에 사는 스님이 예뻐하는 고양이가 있었다. 스님은 고양이에게 항상 지극 정성으로 대해 주었는데 하루는 그 고양이가 법당 안에서 불공을 드리는 상에 놓인 고기를 물고 갔다. 스님은 "내가 너를 얼마나 예뻐했는데!"라며 고양이를 나무랐다. 그러자 함께 절에 있던 큰 스님이 "고기를 물고 간 이유가 있을 걸세. 화내지 말고 알아보게나."라고 타일렀다. 알고 보니 고양이는 임신 중이었다. 이유를 알고 나자 고양이에게 미안해했다. 또 다른 이야기가 있다.

한 회사의 보스가 비서와 아침에 만나기로 했는데 비서가 연락도 없이 결근했다. 보스는 화가 나서 "이게 뭐하는 짓이야! 당장 그만두게!"라고 했는데 알고 보니 비서의 아이가 아팠다고 했다. 알고 나자 보스는 비서에게 한없이 미안해했다.

　지레짐작은 말아야 한다. 내가 요즘에 화가 났던 적이 있는지를 살펴보면 화를 낼 상황이 아니었는데도 지레짐작하고 화를 낼 때가 많았던 것 같다. '네가 맞는다면 화를 낼 이유가 없고 네가 틀렸다면 화를 낼 자격이 없다.' 이 말의 의미를 되새겨서 화를 줄이자. 또 무엇 때문에 화가 났는지를 살펴보면 '상대방의 나에 대한 오해'때문이었던 것 같다. 오해가 있거나 말거나 나는 그러지 않았으니 당당해도 되는데,

사랑이란 무엇인가?

어찌 보면, 사랑에 실패한 나 같은 사람 따위가 해서는 안 될 말인 것도 같다. 하지만 사랑이라 생각했는데 아니었다거나 결핍된 채 사랑해서 서로 상처만 주고 끝나는 식의 사랑을 주의하라는 충고 정도는 해줄 수 있을지도 모르겠다.

사랑을 한마디로 정의할 수는 없다. 철학자 알랭 바디우는 '진정한 사랑이란 공간과 세계와 시간이 사랑에 부과하는 장애물들을 지속적으로, 간혹 매몰차게 극복해나가는 것'이라고 말한다. 마인드가 꼬이지 않고 건강한 사람에게만 해당되는 말이다. 어떤 일이 닥쳐도 함께 극복해 나가면 될 것 같은데 현실에서 꼬인 사람들은 그렇지 않다. 어떤 일이 닥쳐오면 "너를 만나서 되는 게 하나도 없어."라고 말도 안 되는 상대 탓을 하거나 극복하려는 노력은 절대 하지 않고 그냥 내버려 둔다. 책임질 생각도 하지 못한다.

철학자 알랭 바디우는 단순했던 하나의 우연한 만남이 바로 '선언'을 통해서 사랑의 진리로 구축된다고 말한다. 다시 말해서 내가 예상하지 못했던 누군가와의 우연한 만남이 결국 하나의 운명이라는 외양을 띠게 되는 것이 바로 '사랑의 선언'으로 가능해진다는 것이다. 사랑의 선언은 우연에서 운명으로 이르는 이행의 과정이고 그 이후 어마어마한 긴장감으로 가득 차게 된다고 말한다. 그러나 그렇게 운명적인 끌림을 느껴도 예식장에서 선언하고도 헤어질 수 있는 게 현실이다. 잠깐 누군가를 좋아했다가 싫어하게 되었다는데 "나를 좋아한다고 했잖아. 그 말에 책임을 져야지."라는 자세는 말도 안 되는 강요임이 틀림없다.

사랑은 그 사랑을 완성하는 데 걸리는 기간의 문제도

중요하다. 우리의 사랑이 진정한 사랑으로 완성되기 위해서는 감정이 지속되어야 하며 그 기간 동안 서로에게 스며드는(길들여지는) 과정이 필요하다. 그래서 알랭 바디우는 사랑이라고 부를 수 있으려면 무엇보다도 '지속성'이 구축되어야 한다는 점을 강조했다.

그리고 진정한 사랑을 하기 위해서는 나부터 사랑할 수 있어야 한다. 루이스 L. 헤이는 [미러]라는 책에서 '타인과의 관계를 치유하고 싶다면 가장 먼저 자기 자신과의 관계를 개선하라'라고 말한다. 자기 자신도 사랑하지 못하면서 타인과 사랑으로 맺은 관계는 아무리 노력하더라도 마음에 상처를 입을 수 있다.

나 자신이 결핍된 채 사랑할 상대를 찾으면 상대 또한 결핍이 있는 것이 당연하다. 결핍된 사람은 자신과 같이 결핍된 상대에게 끌리게 된다. 동병상련이라 생각하며 급격히 가까워진다. 그러나 이내 곧 가슴 아픈 헤어짐을 맞게 된다. 서로가 상대방의 결핍을 보듬고 보완해야 하는데 자신의 결핍만을 채우려 들기 때문이다. 그러므로 자신이 사랑받기를 원한다면 자기 자신이 자신을 먼저 사랑해야 건강한 사랑을 할 수 있다.

사랑이란 둘 사이를 가로막는 장벽을 허물고 나아가는 과정이다. 그러므로 슬픔과 후회, 그리고 눈물로 가득 찬 자신의 마음을 먼저 회복한 후에 타인과 사랑해야 한다. 손상된 사랑의 관계를 치유하려면, 먼저 자신을 사랑하는 것이 중요하다. 스스로 다친 곳을 반창고로 보호할 줄 알아야 한다.

마르틴 부버는 저서 [나와 너]에서 "온갖 참된 삶은 만남이다"라고 말한다. 나를 온전히 나로서 있게 하는 너는 그만큼 특별하다. 사랑의 진정한 의미도 내가 너에게로 다가가고, 네가 나에게로 다가오는 것처럼 쌍방적이고 순환적인 관계이다. 철학자 레비나스는 "타자와 마주쳐야 미래가 열린다"라고 했다. 베르그손처럼 미래를 낙관적으로 보지도 않았고 샤르트르처럼 "타인은 지옥이다."라며 부정적으로 말하지도 않았다. 단지 어떤 타자와 내가 어떤 관계를 맺게 될지는 나의 선택이고 나의 몫인 셈이다.

사랑이란 꽃과 흙의 관계처럼 묵묵히 모든 것을 받아준다. 흙은 꽃을 피우지만 꽃에는 바라는 것이 아무것도 없다. 그저 꽃이 아름답게 피고 자라는 데만 밑거름이 되어줄 뿐이다. 꽃잎이 떨어지면 흙은 묵묵히 받아준다. 서로에게 보완이 되어줄 대상이 되기 위하여 꽃은 흙의 성질을 받아주고 흙 또한 꽃이 피는 과정을 지켜보며 양분을 제공한다. 그리하여 '사랑'이란 결실을 맺는다.

나도 또한 상처받은 사람이기에 아무에게나 곁을 내어주지 않는다. 곁을 내어주기를 원하는 상대가 꼬일 대로 꼬인 당신이라면, 나는 단호히 거부하겠다.

이런 사람을 멀리하라

巧言令色, 鮮矣仁(교언영색 선의인)

"말을 교묘하게 꾸미고, 얼굴빛을 좋게 하는 사람 중에는 어진 사람이 드물다!"

이 문장은 사람들 사이에 널리 쓰이는 문장으로 주로 앞의 "교언영색"이 자주 인용된다. '실속 없이 말만 번지르르하게 하고, 가식적인 표정으로 진심을 속이는 사람을 멀리하라.'는 공자의 충고는 지금도 우리에게 많은 생각을 하게 한다. 강직하고 굳센 표정에서 신뢰감을 느낄 수 있는 것은 당연하다. 반면 어눌하고 말을 잘 못하는 사람에게 선뜻 호감을 느끼기는 어렵다. 그러나 공자는 후자의 사람이 꾸밈없이 순수하고 질박한 사람이라 말한다.

과유불급(過猶不及) 지나친 것은 미치지 못한 것과 같다는 말이다. 과장된 표현에는 다른 사람들을 속이기 위한 목적이 있기 마련이다. 그렇다면 '얼굴빛을 좋게 꾸민다.'는 것의 본래 의미는 무엇일까? 영어권 사람들은 선거운동을 하는 정치가들을 '베이비 키서(Baby kisser: 아이에게 뽀뽀하는 사람)라고 부른다. 아이를 평소에는 좋아하지 않다가 거리에서 선거 유세를 하다 아이들을 발견하면 재빨리 달려가 뽀뽀하는 정치인들의 행태에서 유래된 말이다. 사회생활을 할 때 모든 사람의 비위를 맞추기 위해 노력할 필요는 없다. 가장 이상적인 인간관계는 말을 해야 할 때 말하고, 아낄 때는 조용히 앉아 있을 수 있어도 편안한 관계이다.

'말을 교묘하게 하고 얼굴빛을 좋게 하는 사람 중에는 어진 사람이 드물다'는 공자의 말을 명심하자. 지나치게 자신을 과장하는 사람은 어짊이 부족해 멋지게 보이려 행동하기 마련이다. 진실한 기쁨, 관심, 애정 등은 과장할 필요가 없는 것이고, 마음에서 우러나오는 존경도 굳이 과장되게 표현할 필요는 없는 것이다.

이 글을 쓰며 예전에 서로의 잘못으로 척을 지게 된 한 남자와 그의 아내가 생각났다. 당시 나는 무너진 자존감을 되찾기 위한 쉬운 방법으로 내게 칭찬을 잘해주던 남자아이를 만났었고, 가면을 쓰고 당당한 척, 자신감 있는 척을 했었다. 그는 쉽게 나를 칭찬해 주었고 자존감도 회복되었다. 그러나 그가 돌아서서 자신의 원래 여자친구에게 갔다. 그 사실을 알게 되자 자존감은 회복 될 수 없이 떨어졌다. 알고 보니 그는 여자친구에게 "그녀(나)는 뭔가를 숨기고 있는 것처럼 부자연스러워서 지쳤다."라고 말했다더라. 나는 그들에게 "내 자존감이 바닥이 된건 다 너희들 탓이다."라며 그들 탓을 했다. 그 과정에서 험한 말이 오갔고 서로 상처만 주고 끝났다.

생각해보면 자존감이 낮아진 것도 나의 탓이었고 쉬운 선택을 해서 자존감을 높이려던 것도 나의 탓이었다. 그냥 그 때를 생각하면 그것은 질투였던 것 같다. 그들 탓을 했던 것은 나를 바꾸기는 어렵고 남을 공격하기는 쉽다는 비겁함이었던 것 같다. 다시는 그런 행동 안 할 것이다. 다시는 가면 쓰고 살지 않으리라. 그와 그녀에게 미안하다.

나쁜 관계를 정리하는 법

일부러 그러는 것은 결코 아니겠지만 결핍이 있는 사람들은 주변 사람들을 괴롭힌다. 권리도 없이 닦달하고, 가면을 쓰고, 함께 가는 미래가 좋을 거라고 세뇌시킨다. 호의를 베풀었을 뿐인데 그것을 권리로 착각하고 관계를 끊겠다고 하면 협박한다. 그게 애정 결핍이던 사랑 표현에 서툴러서 건 그건 그 사람 사정이다. 미안하지만 반드시 정리해야 한다.

1. 건강한 관계가 아님을 인정하고 받아들이도록 단호한 어조로 말하자.

결핍이 있는 친구와 따로 서기로 결정한 경우에도 상대방은 우정에 대한 특정 개념에 매달릴 수 있다. 어느 한쪽이 너무 힘들고 한쪽이 받기만 하는 경우는 절대 건강한 관계가 아니다. 내가 그를 바꿀 수 없다는 것을 받아들이자. 그런 사람들은 누군가가 멀어지는 것을 감지할 수 있으며, 당신을 다시 잡을 수 있도록 노력할 것이다. 그런 사람은 그렇게 하겠다고 맹세하더라도 변할 가능성이 낮다는 사실을 기억해야 한다. 이것은 당신이 다시 그 사람에게 끌리는 것을 방지한다.

2. 대본을 작성하고 연습하라.

우정을 끊는 것은 힘들며, 친구를 끊어내는 것은 특히 힘들 수 있다. 친구는 잘못을 부인하거나 당신과 대화하려고 할 수 있다. 이럴 때 미리 대본을 작성하고 연습하면 끊어내려는 사람과 대면할 때 침착함을 유지하는 데 도움이 된다. 먼저 모든 생각을 적어라. 그런 다음 작성한 내용을 살펴보라. 가장 중요한 생각을 끌어내고 관계를 끝내는 이유를 설명하는 몇 가지 명확한 이유를 적어라.

3. 가능한 한 직접 말하라.

서로에게 나쁜 관계를 끊을 때 명확히 하자. 결핍된 사람들은 매우 집착하고 통제할 수 없으며 쉽게 대답하지 못할 수도 있다. 가능한 한 명확하게 하면 관계를 끊는데 도움이 될 수 있다. 잔인할 필요는 없다. 이 사람이 당신을 엄청나게 다치게 하더라도, 불필요하게 공격적이 되면 상황이 싸움으로 이어질 수 있다. 모욕하지 말고 명확하게 하라. 여기에서 자신의 감정과 기대치를 최대한 단호하게 말하라. 예를 들어, "나는 이 관계에서 아무것도 얻지 못하는 것 같다. 나는 당신을 걱정하지만, 이 관계를 유지하기가 너무 어려워지고 있다. 우리가 우리 각자의 길을 가면 가장 좋을 것 같다."

4. 경계를 명확히 하라.

당신이 그들을 원하지 않는다면, 연락하지 말아 달라는 것과 같이, 이것을 분명히 하라. 경계가 있는 것에 대해 사과하지 마라. 이것들은 건강한 관계 정립에 중요하다. 가능한 한 명확하게 경계를 설명하라. 예를 들어, "알려주고 싶어요. 한동안 연락하고 싶지 않습니다. 치료할 시간과 공간이 필요합니다. 앞으로는 문자 메시지와 전화를 삼가 주시기 바랍니다."

5. 다시는 보고 싶지 않다는 것을 상대방에게 알려라.

무언가에 결핍된 사람들은 공감하고 신뢰하는 사람들을 이용하는 경향이 있으며 일을 끊은 후 다시 당신을 보려고 할 수 있다. 앞으로 보고 싶지 않으며 연락하지 않을 것임을 분명히 하라. 여기서 약간 무뚝뚝하게 해도 괜찮다. 다시 말하지만, 공격적이지 말고 단호해야 한다. "다시 만나고 싶지 않으니 연락하지 마시기를 바랍니다." 결핍이 있는 사람들은 당신을 놓아주는 데 어려움을 겪고 당신을 그들의 손아귀로 되돌리려 고 할 수 있다. 더 이상 연락을 원하지 않는 것에 대해 진지하게 확인하려면 문자, 전화 및 이메일을 무시하라. 그 사람의 번호를 차단할 수 있다. 떠날 때 물질적 안전, 신체적 안전 또는 가족의 안전이 담보된다면 외부 지원을 찾는 것을 고려하라.

6. 소셜 미디어에서 그 사람을 제거하라.

인생에서 누군가를 제거한다면 소셜 미디어에서 계속 상호 작용할 이유가 없다. 다양한 소셜 미디어 매체에서

이 사람을 삭제, 팔로우 해제 또는 친구 해제하라. 이 사람의 삶에 대한 업데이트를 지속적으로 보지 않기 때문에 감정을 더 잘 조절하는 데 도움이 될 것이다. 서로에게 상처만 주는 관계는 해로운 관계다. 한 사람이 잘못한 것이 아닐 수도 있다. 그러나 끊어내는 것은 상호작용 할 필요가 없다. 자신의 입장을 분명히 밝혔는데도 상대가 포기하지 않는다면 일방적으로 끊어낼 수밖에 없다. 상대가 나를 싫다고 하는데도 협박해서라도 같이 있겠다? 포기해라. 그 관계는 너에게도 상대에게도 결국 눈물만 주게 될 것이다.

다시 말하지만, 힘든 관계는 나를 위해서건 타인을 위해서건 끊어내야 한다.

허세로 이루어진 신뢰는 오래가지 않는다

　자기 포장을 하는 이유는 자신을 돋보이고 싶어 하는 인간의 심리이다. 나 또한 중학교 때 살이 찌고 인기가 없어서 허풍을 떨었던 경험이 있다. 유명 연예인을 만나 사인을 받았다거나 동아리에서 춤 잘 추는 오빠와 친하다거나. 자주 허풍을 떨지는 않았으므로 내 말의 모든 것을 부정당하지는 않았다.

　자기 포장, 허풍, 허세를 자주 떨게 되면 그 사람의 모든 게 가벼워 보인다. 자신이 노력해서 얻은 것이 있더라도 그 이룬 것을 정말 대단한 것인 듯 포장했다고 치자.

그 포장 때문에 이뤄둔 업적은 빛을 잃는다. 칭찬받아 마땅함을 스스로 깎아 먹는 것이다.

우리나라 사람들은 옛날부터 허세가 심한 민족성을 가지고 있다. 가난했으며 계급사회에서 시달려 온 탓일지도 모르겠다. 한국 사람은 다 아는 재미있는 속담이 있다. 못난 놈이 잘난 체하고, 없는 놈이 있는 체하고, 모르는 놈이 아는 체한다는 것이다. 그 '체' 때문에 사회 전반에 걸쳐 폐단이 적지 않다. '체'한다고 해서 자기 신분이 상승하는 것도 아닌데 무엇이나 '체'하고 과시한다. 이런 것은 우리들의 병폐다. 누구나 자기 분수에 맞게 살고, 근검절약해서 부를 축적하고, 소리 없이 내실을 기해 잘 살 생각을 하는 것이 현명할 것이다. 있어도 없는 체, 알아도 모르는 체, 잘나도 못난 체하면서 실속을 차리는 게 좋지 않을까. 허세는 열등감의 표시로 스스로가 스스로를 낮추는 것밖에 되지 않는다.

이쯤에서 전에 알고 지내던 친한 언니를 소환해본다. 언니는 장애를 가지고 있음에도 피아니스트로서 장애 예술계에서 자신의 입지를 돈독히 하고 있었다. 그러나 그 언니의 피아노 실력이 좋았음에도 불구하고 만나는 사람들에게 모두 허세를 부려 자신의 칭찬받아 마땅한 업적을 스스로 상쇄 시키고 있었다. 언니의 소원은 장애계에서 리더가 되는 것이라고 했다. 이제 와서 그것을 고치라고 한다고 해서 고치기 어려울 것이라는 것은 안다. 이미 습관화되었기 때문에. 그러나 그가 정말 세상 앞에서 떳떳하고 싶다면, 제발 고쳤으면 한다. 그러기 위해서는 자기 객관화가 무지하게 필요하다.

일론 머스크나 빌 게이츠 같은 유명 인사들은 자신을 허풍으로 포장하지도 않지만 겸손하지도 않다. 그러나 잘 나가는 사람들이 겸손하면 더 호감이 가기 마련이다. 그들은 사실대로 표현해도 과장이 아니기 때문에 미움받지도 손가락질받지도 않는다. 나는 그에게 겸손하라고 하는 것이 아니라 최소한의 자기 객관화로 있는 그대로 내보이라고 말하고 싶다. 그래야 자신이 그렇게 원하는 리더가 될 수 있을 거라고.

비스킷 철학

고통의 미학

　사람은 자신이 가진 가치관에 따라서 행복과 불행이 결정된다. 어떤 가치관이냐에 따라서 재물이 많고 건강해도 불행할 수 있고, 재물도 없고 병도 있지만 행복한 사람이 있다. 인생은 누군가와 비교해서 행복하거나 불행해서는 안 된다. 비교 대상이 테슬라의 일론 머스크나 아마존의 제프 베이존스라면 그들의 현재 가진 것을 보고 부러워하기보다는 그들의 삶에 대한 열정. 또는 노력해서 살아온 발자취를 부러워해야 한다. 그리고 비교 대상이 아프리카의 가난한 아이들이라면 그들보다 자신이 낫다며 자위하는 것은 비겁한 짓이다.

불교 [화엄경]의 핵심 사상인 '일체유심조'는 '모든 것은 오직 마음이 지어낸다.'라는 뜻이다. 삶이 고통스럽고 내 인생의 의미를 발견하기 힘들 때는 오스트리아 최고의 심리학자이자 신경 정신과 의사인 빅터 프랭클린의 [죽음의 수용소에서]를 읽어보길 바란다. 빅터 프랭클린은 아우슈비츠에서 살아남은 몇 안 되는 유대인 중 하나이다. 그는 아우슈비츠 감옥에서 부모와 남동생과 여동생 그리고 부인을 잃었다. 그의 첫 번째 아이는 히틀러를 추종하는 나치 세력에 의해 낙태되었다. 빅터 프랭클린은 너무도 슬퍼 자살을 결심하기도 했다. 하지만 삶을 이어갔고 최고의 정신과 의사가 되었다. 어떤 것이 그를 바꾸었는가?

첫 번째는 증오와 미움을 가지지 않으려 노력했기 때문이다. 빅터 프랭클린은 아무도 미워하지 않았다. 심지어 가족을 죽이고 와해시킨 히틀러도 미워하지 않았다. 그는 히틀러와 그를 추종했던 독일인들이 자신과 자기 민족인 유대인을 강하게 만들었다고 생각했다. 그는 니체가 말한 "자신을 죽이지 못한 것은 자신을 더 강하게 만든다."라는 말을 믿었다. "살아남은 자가 강한 자다."라는 말처럼 살아남은 유대인들은 더욱 강해졌고, 마침

내 2,000년 만에 자신들의 나라를 세울 수 있었다.

두 번째 이유는 아무리 힘든 순간에도 인생의 '의미'를 찾을 수 있었기 때문이다. 인생에 의미를 부여하면 어떠한 고통도 견딜 수 있다는 사실을 그는 잘 알고 있었다.

세 번째 이유는 인간의 '자유의지'에 대한 확고한 믿음이었다. "히틀러는 나를 죽일 수는 있지만 내가 죽음을 받아들이는 태도까지 강요할 수는 없다. 히틀러가 아닌 신이 내게 사형을 내릴지라도 내가 그 죽음을 어떻게 받아들일지는 순수한 나의 의지와 선택이다." 하얼빈에서 이토 히로부미를 총으로 쏘고 사형을 받은 안중근 의사의 죽음을 받아들이는 초연한 태도를 떠올리지 않을 수 없다.

이는 에피쿠로스학파의 쾌락주의와 상통한다. 흔히들 에피쿠로스학파의 쾌락주의를 육체적 쾌락이나 게임이나 미디어 등으로 만들어진 일차원적 쾌락으로 생각한다. 하지만 고통을 견디어 얻게 되는 쾌락을 말하는 굉장히 비장하고 얻기 힘든 쾌락이다. 고통 속에서 의미를 찾는다는 것은 말은 쉬우나 쉽지가 않다. 고통을 견딘 꽃이 더 아름답다고는 하나 아름답기 위해서 고통을 견딘다? 바보 같은 생각임이 틀림없다. 사람들은 누구나 큰 사건을 겪지 않고 살아가기를 바란다. 다만 지금 고통스럽다면 '신이 내게 바라는 것이 있어 견뎌내라고 고통을 주었구나' 생각하자. 여하튼 이것이 내가 생각한 '고통의 미학'이다.

고진감래(苦盡甘來)라는 함정

　　행복한 순간. 멈칫. 하고는 불안한 감정을 느낀 적이 있을 것이다. 남에게 대접받았으면 사람으로서 응당 갚아야 하는 마음이 드는 것처럼 말이다. 거한 대접에는 항상 부탁이 뒤따른다. 자신을 행복하고 즐겁게 해주는 일도 때로는 고통을 줄 수 있다. 이와 마찬가지로 고통을 주는 일이 때로는 행복과 즐거움을 주기도 한다. 그렇기에 사람들은 행복한 일이 무엇인지 알면서도 고통스러운 일을 택하고, 또 그 고통을 참아내려 한다. 감내하는 고통이 결국 우리에게 행복과 즐거움을 가져다줄 것을 잘 알기에 그렇다. 그래서 겉으로는 고통을 추구하는 것으로 보이기도 하지만 사실은 고통은 우리가 즐거움과 행복을 찾아나가는 과정에서 생겨난 부산물일 뿐이다.

대학 입시에서 좋은 성적을 거두기 위해서는 힘들어도 공부를 한다. 나는 다 때려치우고 클럽에 가서 놀 수 있는데도 책에 머리를 파묻고 1년 동안 산 것은(글쓴이는 고등학교를 자퇴하고 6개월을 놀고 1년 동안 공부해서 수능을 치르고 재수 학번으로 대학에 갔다.) 이를 좋아해서가 아니라 서울 4년제 대학교에 입학하면 성공에 더 가까워지는 걸 알기 때문이었다. 직장인들이 밤늦은 시간까지 기꺼이 야근을 자처하는 것도 같은 이유다.

인간관계에서도 기분이 상하는 일이 발생해도 그냥 넘어간다. 상대를 향한 불만이 커져서 급기야는 인간관계를 끊어버리는 상황이 올 수도 있지만 그럴 경우 후폭풍이 밀려올까 봐 그냥 참는다. 결국 자신은 온갖 부정적인 감정들에 휘둘려 스트레스를 받는 상황이 오게 되더라도 말이다. 하지만 이처럼 원만한 인간관계를 위해 노력해왔는데도 불구하고 온갖 스트레스라는 고통만 따라온다면, 즐거움과 고통을 대하는 방법을 바꿔야 한다. 마뜩잖은 일이 생기면 어떻게든 상대방과 소통할 방법을 찾아야 한다. 소통하는 과정에서 서로 간에 언쟁이 오가게 되어 괴로울 수도 있지만, 그래야 상대방이 어떤 일로 불만이 생겼는지 알게 되고 갈등을 해결할 수 있게 된다. 그런데 만약 이 일로 상대와 관계가 틀어졌다고 하더라도, 꼭 나쁜 것만은 아니다. 살면서 맞지 않는 사람과 괜한 신경전을 벌일 필요는 없다. 그러므로 사람은 일부러 고통을 추구하는 것이 아니며, 고통은 단순히 거쳐 가는 과정일 뿐임을 알 수 있다.

우리가 고통을 감내할 수 있는 이유는 나중에 찾아올 행복과 즐거움 때문이다. 그러나 마지막에 찾아올 행복과 즐거움을 위해 무작정 고통을 참아야 할까? 동양 문화권에서는 젊어서 고생은 사서도 한다고 독려하며 쾌락을 추구하면 결국에는 좋지 않은 상황에 부딪히고 고통의 시간을 견디면 달콤한 보상이 따라온다는 말을 덧붙이고는 한다. 하지만 필자는 무언가를 고생스럽게 참아내야 한다는 말에는 회의적인 시각이다. 심지어 이와 같은 격언은 모두가 기꺼이 일의 노예가 되도록 만들기 위한 음모론이 아닌가 한다.

내가 전에 일했던 회사에서는 인간의 명예욕을 자극하

고 실체가 없는 비전을 직원들에게 있다고 세뇌하여 직원들이 알아서 충성하도록 만들었다. 참으로 지리멸렬하고 교활했다. 연차가 높아지면 최고의 연봉을 받을 수 있을 거라고 (연봉은 심지어 액수도 밝히지 않았다.) 비전을 제시하고 남들 앞에서 떳떳하도록 출장 시에는 호텔을 잡아주었다. 직원들은 있지도 않은 비전에 호도되어 열정 페이를 받고 있음에도 기죽지 않았다. 이제 와서 생각해 보니 지능적으로 능력 있는 사람들을 싼값에 부린 것이다. 무슨 대단한 일을 하는 것도 아닌데 서로를 존중하며 선생님이라고 불렀다. 이때는 똑똑한 자들이 더 잘 속는다. 마치 쌩떽 쥐패리의 명언 같다. "사람을 부리려면 비전을 제시해라. 나가려는 곳이 바다라면 그들은 알아서 배를 만들 것이다."

　모든 고통이 자신의 성장에 도움을 주는 것은 아니다. 그러므로 이익이 되지 않는 고통은 될 수 있으면 피하자. 그리고 모든 고통이 인간이 극복할 수 있는 고통도 아니다. 살다 보면 견디기 힘든 고통도 찾아온다. 그 고통을 피해서 삶을 포기하는 자세는 지양해야 하겠지만 어느 순간에는 그들의 심정이 이해가 된다.

선과 악

우리에게 선이란 무엇이고, 악이란 무엇일까.

성선과 성악을 이야기할 때 기저에 깔린 '본능'이란 선하다고 봐야 하는가 악하다고 봐야 하는가. 어린아이가 자신의 본능에 충실하여 먹고, 자고, 싸고, 우는 것은 이성적인 판단이 아닌 동물적 본능이므로 악하다고 봐야 하는가? 아니면, 거짓 없이 순수한 자신의 욕망을 드러내었으므로 선한 것이라 봐야 하는가.

너도, 나도, 우리도. 모두 본능을 가지고 있다. 사회라는 틀 속에서 우리는 어떤 윤리적 협약을 맺고 서로에게 피해가 가지 않는 한에서의 자유를 보장받는다. 그리고 그 안에서 선과 악도 재정립된다. 우리는 적당히 숨기고 적당히 표출하며 악이라 손가락질받지 않을 정도로 본능을 내보여야 한다. 하지만 그러한 사회 윤리적 기준은 본질적인 선과 악을 구분하여 주는가?

그리하여, 순수한 욕망을 드러내었던 너는,

악마인가. 천사인가.

우리 곁에 선과 악이 가까이 있는 이유

ㅌ

보통의 사람은 언제 선해지고 언제 악해지는가?

한나 아렌트는 인간의 악한 부분을 보고 아돌프 아이
히만(유대인의 이송과 학살을 진두지휘했던 인물)을 탐
구했으나 그녀의 판단은 그는 악한 행동을 했지만 평범
한 가장이었고 충실한 공무원이었고 흔한 동네 아저씨였
다. 그녀가 내린 결론은 '악의 평범성'이었다. 그의 반
인륜적 행위가 타고난 악마적 기질 때문이 아니라, 선악
을 가리지 못하는 '사고력의 결핍' 때문이라고 평가했
다.

이와는 정반대로 에바 포겔만이라는 학자는 저서 양심과 용기에서 '선의 평범성'에 대하여 이야기한다. 독일에서 태어나 미국으로 이주한 그녀는 나치의 탄압으로 위험에 처한 유대인 이웃에게 도움의 손길을 내민 사람들을 연구했다. 그녀가 내린 결론은 그들은 영웅심리에 사로잡힌 사람도, 희생정신이 투철한 사람도 아니었다. 그저 그들은 평범한 '보통 사람'이었다. 헤겔은 인류의 역사를 '인정투쟁'의 역사라고 했다. 나는 이들이 남에게 어떻게 인정받을 것인가 아닌가에 따라 달라졌다고 생각한다. 인정받으려는 목적으로 일을 행하다 보면 선과 악을 구분할 새도 없이 그 목적에만 목을 매게 된다.

얼마 전 우리나라에서 있었던 일이다. 아파트의 승강기가 운행 중에 갑자기 멈춰 섰다. 구조 대원들이 긴급전화를 받고 재빨리 현장에 출동했다. 그들은 승강기에 갇힌 사람들을 구조하기 위해 강제로 문을 열려고 했다. 그런데 아파트 경비소장이 구조 대원들을 막아섰다. 승강기가 파손되면 자신이 책임을 떠맡게 될까 봐 우려했기 때문이다. 그에게는 주민의 생명을 구하는 것보다 입주자 대표의 비난을 피하는 것이 우선이었다.

그에 반해 우리 주변에서는 '의인'을 쉽게 찾아볼 수 있다. 터널에서 화재 사고가 난 유치원 버스를 깨부수고 아이들을 구한 사람, 물속에서 쓰러진 동료를 구한 제주 해녀들, 엄마와 아이를 덮치려는 음주운전 차량과 고의 사고를 내서 충돌을 막은 의인, 교통사고 부상자를 돕다 숨진 '진주 슈바이처' 이영곤 원장 등. 자신의 평판과 지위 등의 목적을 노리지 않았기에 선한 행동이 나타났다고 생각한다.

지식인의 자가당착

지식인의 역겨운 이중성

　'자녀 교육'의 중요성을 말했던 장 자크 루소는 자기 자식들을 보육원에 맡겼다. 노동의 신성함을 말했던 카를 마르크스는 45년 동안이나 자기 집안에서 일하는 가정부를 무임금으로 착취했다. 작가 어니스트 헤밍웨이는 사실과 진실에 기초한 문학을 표방하면서도 병적일 정도로 거짓말을 일삼았다. 미국 흑인 인권운동가 마틴 루터 킹 목사는 창녀들을 초대해서 자주 섹스 파티를 즐기고 불륜을 지속해서 해 아내를 힘들게 했다. '실존주의는 휴머니즘'이라고 설파한 장 폴 샤르트르는 여성을 남성보다 떨어지는 존재라고 말했다. 러시아의 대문호 톨스토이는 여성과의 교제를 죄악시하면서도 수시로 사창가를 드나들었다. 이 세기 최고의 언어학자 노엄 촘스키는 자본주의를 '거대한 재앙'이라고 비난했고, 강연료와 인세 수입을 벌어 호화주택과 별장을 소유했고 국방부를 '암'이라고 비난했지만, 국방부에서 연구비를 받아 사용했다.

이는 우리나라의 지식인에게서도 쉽게 찾을 수 있다. '무소유'를 표방하던 혜민 스님은 이탈리아 슈퍼카인 페라리를 몰고 남산이 보이는 호화주택에서 살고 있었다. 그가 번 돈은 일반인의 시주와 책의 인세, 강연료 등으로 서민들을 등에 업고 사치를 누리고 있어 많은 이들의 비난을 샀다.

그럼 나라는 사람은 어떠한가? 나 역시 가식과 포장지로 똘똘 뭉친 인물이다. 외모지상주의에 많이 당해왔고 그것을 혐오하지만, 외모가 뛰어나야 사람들이 나를 봐줄 것을 알기에 외모를 가꾼다. 권력에 따른 편견이 싫지만, 권력을 쥐어야 그 편견도 깨부술 수 있음을 알기에 권력을 쥐려 한다. 나는 '솔직히 말하자면' 이라는 표현을 자주 쓴다. 그것은 그만큼 솔직하지 못하다는 말의 반증일 것이다.

물질적 도움의 위험성

어려움에 처한 사람들을 물질적으로 돕는 게 최선일까?

2012년 10월 11일. '천 번을 흔들려야 어른이 된다' 김난도 교수님의 저자 강연회가 숭실대학교 한경직 기념관에서 있었다. 나는 당시 방송대 OER 제작에 교수님을 모시고 싶다는 부탁을 드리려고 강연을 청강했었다. 같이 갔던 동석자는 내 친구로 그를 위선자라고 비난했다. 힘들어서 사연을 보낸 많은 사람의 사연을 책으로 만들어서 많은 돈을 벌었으나 정작 사연 당사자에게는 위로만 해주었을 뿐 해준 게 없다는 것이다. 당시 친구의 말을 듣고 일리가 있다고 생각했고 나는 부탁도 못 드리고 그냥 와야 했다.

시간이 흘러 당시엔 고등학생이었고 대입을 준비하게 된 오랜 제자를 만났다. 자신은 논술 준비를 해야 하는데 학교의 논술 선생님은 서울대 준비하는 제자들 위주로 가르치고 자신 같은 학생에게는 관심이 없다고 했다. 한때 논술 선생이었던 특기를 살려 1:1 특강을 해주었다. 그런데 제자의 고민은 그것이 끝은 아니었다. 대학에 입학하고 싶은데 학비가 없다는 것이었다. 아버지는 간암으로 누워계셨고 어머니도 경제력이 없으시다고 했다.

나는 순간 고민했다. 얘 학비를 내줘야 하나? 그런데 실상 나도 월급쟁이였을 뿐. 그럴만한 힘은 없었다. 방법이 있을 거라며 제자를 달래고 돌아서는 데 정말 심란했다. 그러나 그 친구는 다음 해에 한양대 에리카 캠퍼스에 장학생으로 합격했다. 내가 도왔더라면 수월함은 있었을지 몰라도 혼자 헤쳐 나가야 했던 아이의 자립심은 없어졌을 수 있었다. 결국엔 괜한 걱정이었다.

내가 방송대 대학원 콘텐츠 제작 PD로 일하던 시절에 내 블로그 "군부대 스트레스 강의" 아래에 댓글이 달렸다. '도와주세요. 도움이 필요해요' 전화를 걸어보니 자신이 해병대 상사라는데 내게 스트레스 강의 교안을 달라는 것이었다. 상사라고 했지만 나보다 훨씬 더 어렸을 거다. 어린 건 둘째 치고 경우가 없다고 생각했다. '생각해 볼게요.' 라는 말로 에둘러 거절을 표하고 그의 강의 시일이 며칠 지났을 때 장문의 댓글을 달았다. '강사에게 교안은 지적재산권이다. 그걸 무턱대고 한 번도 본 적 없는 사람이 달라고 하는 것부터가 예의 없는 행동이다. 만약 해병대에서 공익 관련 목적으로 내게 교안 집필을 부탁했다면 무상으로라도 해줄 수 있다. 그런데 이 목적은 그냥 네가 강의 잘해서 상사에게 칭찬받는 게 목적이 아니냐?' 그랬더니 자신이 생각이 짧았다며 미안하다고 했다.

그런데 그 이후에 또 다른 사람이 군부대라며 교안을 달라고 했다. 그때는 내가 미쳤었는지 '급하다니 주긴 하겠는데 강사에게 교안은 지적재산권이다. 이런 부탁 앞으로는 하지 마라. 그리고 교안은 한번 쓰고 꼭 폐기해 주기를 부탁한다.' 그 사람은 강의 교안을 절대 폐기하지

않았을 것이다. 2차 3차로 우려먹었겠지. 그리고 내게
고맙다는 인사도 한번 없었다. 첫 번째 병사보다 두 번째
병사가 더 높이 올라갔을까? 내가 장담하건대 아니었을
것이다. 그리고 급하다는 말에 교안을 넘겨줬던 나는 두
번째 병사가 커나갈 수 있는 자립심을 빼앗은 셈이다.

번데기에서 나비가 되는 과정을 지켜보던 이는 번데기
에서 나비가 나올 때 조금만 도와주면 수월하게 나비가
될 수 있을 거라 생각했다. 그러나 그의 예상은 틀렸다.
도와준 나비는 날개를 말리던 과정에서 모두 죽었다. 그
러나 자신의 힘으로 번데기를 뚫고 나와 나비가 된 개체
는 날개도 스스로 펼 수 있었고 앞으로 살아 나갈 세계에
서 더 잘 적응했다고 한다.

다수를 위한 소수의 희생

다수결의 원칙에 대해서는 모두가 알고 있을 것이다. 최대한 공정한 판단을 내리기 위해 흔히 사용되는 원칙이다. 그러나 사람들이 잘못된 판단을 할 수도 있고, 그 소수의 입장은 들어보지도 못한 상태에서 그게 늘 옳은 결정은 아니었을 것이다.

이 글은 니체의 철학을 공부하다가 든 생각들로 쓰게 된 글이다. 처음에는 니체의 사상에 동의했었다. 인간은 이성과 비이성적인 면모를 모두 가지고 있으며 이성만을 강요하는 사회는 다른 쪽으로 비이성적이고 야성적인 갈

중으로 폭발할 것이라는 주장 때문이었다. 그러나 니체의 사상에 동의할 수 없는 내용이 있었다. 인간은 평등하지 않다. 다들 다르게 생겼고 가진 것도 다르다. 여기까지는 동의했다. 그러나 평등이라는 말은 다수의 약자가 소수의 가진 자들을 그 자리에서 끌어내기 위해서 만들어진 것이라는 말이었다.

　다수의 나약함을 극복 못 한 사람들이 소수의 잘난 사람들이 자기를 누르고 치고 나가니까 현재에 안주하려고 '평등'을 주장 한 것이라고? 불구 상태의 인간에서 더 높은 인간으로 거듭나는 것이 인간이 자유로울 수 있는 방법이라고? 불구 상태의 인간은 자기 자신에게 있는 야성적인 본성을 억누르고 사는 사람을 비유한 것이지 정말 장애를 입은 사람을 일컫는 말은 아닌 듯하였으나. 누구는 장애를 입고 싶어서 입게 되었겠는가? 그래서 못 가진 자들이 가진자들을 시기하여 끌어내리려고 '평등'이라는 말로 하향 평준화시킨다고? 니체는 그저 잘난 척하는 부르주아다! 갑자기 니체가 싫어졌다. 하고 많은 것들 중에 하필 장애를 예로 들다니.

　내 생각에는 '소수'에 약자가 있고 '다수'에 강자가 있다. 그런 강자들이 소수를 무시하지 말자며 '평등' 이란 입에 발린 말로(사실은 무시하고 있으면서 위해주는 척) 그들과 나는 같다고 위선적으로 쓰는 말 같은데. 본인의 학사 논문 주제가 '정치철학 : 다수를 위한 정치에서 소수를 위한 정치로'였다. 다수의 결정을 따르다 소수가 희생되어야 하는 일이 많은데 그런 소수를 보호할 수 있어야 제대로 된 정치가 아니겠는가?

그래서 다수결은 오히려 민주적이지 못하다. 어떤 사람을 일컬어 '민주주의자'라고 부른다면, 그 사람은 다수(민중)의 사람들 각각이 주인으로서 직접 또는 간접적으로 참여하여 자신이 속한 국가 또는 조직을 운영하는 사람임을 말한다

우리의 평상적 이해 방식으로 말하면, 민주주의의 원칙으로 문제를 해결한다는 것은 곧 다수의 의견을 존중하여 결정한다는 것을 의미한다. 다수결이 다수의 횡포가 될 수도 있다. 그리고 반드시 옳은 결정인 것도 아니다. 한 개인의 토지를 공공용지로 사용하면 주변에 도움이 된다. 그래서 이웃들은 그에게 그 토지를 공공용지로 내놓도록 결의하였다고 치자. 이런 경우 다수결은 민주

주의의 방식이 아닌 다수의 횡포가 된다. 또한 맹물에 먹물 한 방울을 떨어트린 것을 본 사람은 한 명인데 못 본 사람이 수십 명일 경우, 이 물이 깨끗하다고 주장하는 수십 명의 결의에 따라 깨끗하다고 결정해 버리는 등의 잘못된 선택이 될 수도 있다.

합의 없는 추진은 강제이고 독재이며 그렇게 해서 평화는 오지 않는다. 평화는 무장된 강력한 힘으로 이뤄지지 않으며 상대방을 존중하고 문제를 함께 협의하는 데서 이뤄진다. 민주 사회는 원한이 없어야 하며 억울함이 없어야 한다. 그러니 무슨 문제 해결을 위해 다수결을 남용하지 말자.

동물 윤리

우리나라에서는 최근에야 대두되기 시작한 동물의 고통. 호주에서는 1975년에 젊은 철학자 피터 싱어가 [동물해방]이란 베스트셀러를 내놓으면서 등장했다.

나는 2008년 7월 30일 서울에서 열린 세계 철학대회에서 피터 싱어 교수의 철학 강의를 숭실대 한경직 기념관에서 들었다. (피터 싱어 교수의 강의가 아니었고 다른 강연자분이 피터 싱어 교수의 철학 강의를 했다) 세계 철학대회는 한국철학회 주관으로 개최되었으며 학회 장소는 서울대였으나 일부 행사가 숭실대에서 열렸다. 숙소도 숭실대 기숙사가 활용되었다.

당시 동물의 고통에 대해서 생각해 본 적은 있었으나 선배들이 장난으로 肉權(육권=고기의 권리)이라며 장난칠 때 그것에 동조하기도 했었다. 동물을 인간적으로 대우하기 위한 운동은 호주에서 싱어의 책이 나오기 한참 이전부터 있었다. 싱어는 공장식 축산 농장과 화장품 산업을 지목하고, 동물이 관여하는 의료 연구에 의문을 제기 함으로써 이 쟁점을 현대적 관점으로 다루었다. 그는 공리주의라는 철학 이론을 잘 정리했을 뿐만 아니라 대체로 그리 중요하지 않은 이유로 동물들에게 고통을 주는 관행을 생생히 묘사하는데 이를 적용했다는 것에서 혁신적이었다.

예를 들어 싱어는 화장품 독성 실험에 사용되는 토끼는 자극적인 물질을 닦아내지 못하도록 대개 묶여 있었으며, 무엇이 가장 유해한지 알아보기 위해서 다양한 제제를 사용해 서로 비교한다고 설명했다. 사람들을 진저리 치게 하는 이런 사례들은 대중이 철학적 논증에 주목하게 만들었다. 싱어는 불편한 질문들을 던졌다. 왜 동물의 고통은 인간이 겪는 것만큼 중요하지 않다는 말인가? 그는 '종 차별주의'라는 용어를 대중화시켰고, 이것이 인종차별주의와 비슷하며 더 이상 옹호할 수 없는 것이라고 주장했다.

싱어는 영국 철학자 제러미 벤담의 고전적 공리주의의 관점, 즉 어떤 동물이 느끼는 고통이든 인간이 느끼는 동일한 수준. 양의 고통과 똑같이 진지하게 받아들여져야 한다는 관점을 피력했다.

자연권을 "죽마 위의 헛소리"라 여겼던 벤담의 악명 높은 입장을 상기시키는 싱어의 공리주의 철학은 동물에 있어서 건 인간에 있어서건 권리에 대한 그 어떤 토대 주의적 관점을 거부한다. 싱어 관점의 실질적 효과는 19세기 영국을 중심으로 한 동물의 인간적 대우를 위한 운동들과 비슷했지만, 그는 잘 알려진 철학 이론을 자기 관점의 기반으로 삼았다. 이는 철학 이론을 현실 세계의 사례들에 적용하고 사회정책 변화로 이어질 수 있는 결론에 도달한 좋은 사례다. 싱어의 철학은 닭이나 돼지 같은 식용 동물을 사육하는 방식은 물론 화장품 산업이 제품을 실험하는 방식도 바뀌게 했다.

악어를 잡을 때의 영상을 본 일이 있다. 죄 없는 악어는 인간의 허영심을 채우기 위해 죽지 않은 채로 벗겨졌다. 살아 있는 악어의 코를 누른 후 머리 뒤통수 부분을 자르고 칼을 밀어 넣어 척추를 꼬리 끝까지 밀어 내린 다음 생가죽을 벗겼다. 죽이지 않은 채로 자르는 이유는 전기 충격을 가할 돈이 없어서가 아니라 살아있는 채로 벗겨야 부드럽기 때문이란다.

정말 인간은 자신의 허영심을 채우기 위해 어떤 잔인한 일도 마다하지 않는 것 같다. 부득이하게 죽여야 한다면 최대한 덜 고통스럽게 죽였으면 한다.

임신 중지

낙태 윤리

1900년 이전에는 대체로 여성이 임신 4개월 즈음인 첫 태동을 느끼기 전까지 임신 중지는 꽤 흔하고 용인되는 일이었다. 1960년대 말을 기점으로 미국의 열 개 남짓의 주가 강간, 근친상간, 여성의 건강성 위협, 혹은 태아 기형 가능성 등의 경우에 임신 중지를 허용하기 시작했고 네 개의 주는 거의 모든 경우에 대해 임신 중지를 합법화했다. 몇몇 다른 주에서는 법원이 임신 중지 제한을 폐지했다.

우리가 살아오는 동안 의사와 환자의 관계 등 생명윤리와 관계된 관행의 대대적인 변화들은 덜 논쟁거리가 되어왔지만, 자기 임신의 운명을 가르는 여성의 법적 권리 강화는 사정이 다르다. 합법화된 임신 중지에 대해서는 거의 대중적 수용도 거의 보편적 학문적 옹호도 이어지지 않았다. 여성이 스스로의 삶을 결정할 헌법적인 권리를 가져야만 한다면, 그리고 여기에 태아가 생존할 수 있게 되기 전에 임신을 중지할 권리가 포함된다면, 그 권리의 본질상 이는 여론조사에 종속되어서는 안 될 것이다. 그럼에도 불구하고 생명윤리와 관련된 관행들의 여타 변화들과 달리 어째서 임신 중지 합법화는 그렇게도 뜨겁고도 의견이 분분한 상태인지를 따져보지 않을 수는 없다. 임신 중지 수술을 하는 의사들은 위법적인 공격을 받고는 한다.

임신 중지 수술을 하는 의사들은 급격히 줄어들고 있다. 많은 논란 속에서 일부는 그렇지 않게, 일부는 성공적으로 추가적인 여러 임신 중지 제한들이 두둔 받고 있다. 합법화된 임신 중지가 계속해서 여론을 분분하게 하는 이유는 그 자체로도 의견이 분분한 논의 거리이다. 임신 중지를 둘러싼 논쟁의 윤리적 중심은 헌법적 권리와 인권을 전부 가지는 인간 개인의 생명이 언제 시작하는지에 대한 문제에 있다. 프로라이프(낙태 반대) 지지자들은 태아가 헌법적으로 보호되어야 하는 인격체라고 믿는다. 프로초이스(낙태 허용) 지지자들은 태아는 그저 잠재적인 헌법적 인격체일 뿐 여성에게는 아이를 낳을지를 결정할 자유가 있다고 주장한다.

우선은 임신 중지에 대한 다른 법적. 정치적 논쟁은 모두 제쳐두고, 배아나 태아가 다 갖춰진 인간이며 착상에서부터 줄곧 헌법적으로 대우받아야 한다고 굳게 믿는 이들에게 임신 중지 합법화 판결이 얼마나 용납할 수 있을지를 알려주자.

태아는 충분히 인간이지만 여성에게는 임신 중지 여부를 스스로 결정할 권리가 있어야 한다고 믿는 것이 윤리적으로 타당하기 때문이다. 자기 삶에 있어서는 프로라이프(낙태 반대)인 사람도 이 입장의 기반은 프로초이스(낙태 허용) 입장의 기반과 마찬가지로, 태아의 지위는 합리적 의심 이상으로는 결코 입증할 수 없음을 인정할 수 있다는 것이다. 본질적으로 이는 도덕적으로 임신 중지에 반대하지만, 여성들이 모든 상황에서는 아니더라도 대부분 상황에서 이처럼 삶을 바꿀 결정을 스스로 내릴 권리를 존중하는 많은 이들의 입장이다. 하지만 프로라이프(낙태 반대) 지지자는 일반적으로 대부분 상황에서 임신 중지 합법화를 용납하지 않는다.

철학자 로저 베르트하이머는 임신 중지 논쟁의 핵심에 있는 윤리학적·존재론적 논쟁을 합리적으로 해결 불가능하다는 지점에 주목했다. 이성적으로 추론된 논지는 "그 자체로는 어느 방향도 가리키지 않는다. 방향을 정해야 하는 것도 우리이며, 그리로 따라가는 것도 우리이다. 당신이 특정 사실들에 특정 방식으로 반응하기 때문이다." 임신 중지 논의에 생명과 자유, 생과 사가 걸려 있다는 점이 분명히 보여주듯, 이는 단지 변호사와 판사, 철학자와 신학자, 보건의료 제공자, 고용인, 정치인 만의 문제가 아니다. 책임감 있는 생명윤리학 교육은 강의실에서 이런 주장들과 그 배후의 논거들을 제시한다. 존중을 갖춘 왕성한 의견 충돌의 사회적 필요성 또한 전달해야 한다.

본인은 임신 중지, 그러니까 낙태에 찬성한다. 어떤 장애인 부부가 아이를 가져 낳았는데 그 부부는 경제적으로도 여유롭지 못했고 생활하는데도 자유롭지 못했다. 그들이 낳은 딸은 장애인 부모에게서 태어난 죄로 멀쩡했지만 태어나자마자 기초생활 수급자가 되어 부모를 봉양해야 했다. 그 딸은 부모를 선택하지 못한다.

죄라면 좋지 못한 환경에서 태어나야 했다는 게 죄인데. 이런 경우에는 낙태해야 했거나 피임을 의무화해야 했거나 자궁에 피임장치를 넣는 수술 등을 고려했어야 한다고 생각한다. 물론 거기에 따르는 비용은 국가에서 부담해야 한다고 생각한다.

방송인 사유리 씨의 경우는 자신이 사랑하지도 않은 남자와 사는 것은 싫지만 임신과 출산의 소중한 순간은 경험하고 싶었기에 정자를 기증받아 임신했고, 그녀의 용기로 한국에서는 한부모가정에 정자를 제공하지 않던 의료계에 다시 생각해 볼 기회를 주었다. 아이도 장애인 부부에게서 태어나기보다는 사유리 씨의 아이로 태어난 것이 더 축복이지 않았을까?

행복은 반드시 상대적이어야 하는가?

어린 시절 뛰놀고 즐거웠던 기억들은 존경의 욕구가 수반되는가? 나는 이 물음에 대한 해답을 송견의 철학에서 찾고자 한다. 순자는 인정욕구는 살아가며 가지게 되는 당연한 욕구이며 누구나 자신의 위치를 확인하려 한다고 말한다. 하지만 송견만은 다르다. 그는 모든 존경의 욕구=인정욕구가 인간 사이에서의 싸움을 조장한다고 말한다. 맹자나 순자가 인간의 본성이라고 말했던 인정욕구는 영욕이란 사회적 평가와 밀접한 관련이 있다. 사회적인 인정을 받을 때 인간은 고대하던 영예를 얻게 되고 행복을 느끼게 될 것이다.

문제는 사회적 인정은커녕 모욕당할 때, 우리의 인정 욕구는 여지없이 좌절된다는 데 있다. 이럴 때 영예를 꿈꾸던 사람은 자신이 가장 피하고 싶었던 치욕이란 주홍글씨가 새겨지게 된다. 그리고 이어서 자신에게 모욕을 주었던 타인에 대한 강한 적개심, 나아가 복수심을 품게되고 마침내 자신을 모욕했던 타인과 목숨을 건 보복행위가 시작될 것이다.

여기서 송건은 공동체 내부 갈등의 원인을 찾게 된다. 그것은 모든 유학자와 서양 철학자들이 긍정했던 인정욕구. 존경의 욕구 때문에 발생하는 것이다. 원인을 알았다면 해법은 간단하다. 인정욕구 자체를 거부하는 것이다. 누군가가 모욕을 가해도 치욕스럽게 여기지 않으면될 것이다!

어떤 행동이 영예로운가, 아니면 치욕스러운가 여부는 개인이 아니라 특정 체제가 규정한 것이다. 그래서일까, 영예와 치욕의 구분, 혹은 영예와 치욕의 내용은 시대마다 천양지차일 수밖에 없었다. 그래서 송건의 주장은 지금 보아도 센세이셔널 하다. 프로이트의 말을 빌리자면 내면의 검열 메커니즘으로 정착된 초자아의 명령 자체를 거부하는 것이기 때문이다. 마키아벨리도, 한비자도 말하지 않았는가. 당근과 채찍, 혹은 상과 벌은 체제가 개인들을 그 내면에까지 지배하는 핵심이라고 말이다.

우리는 커가면서 일등이란 영예나 합격선까지를 커트라인으로 정하고 동료들과 경쟁해서 살아남아야 했다. 권력, 평판, 부까지 모두 마찬가지 아닌가. 모욕당해도 치욕으로 여기지 않아야 한다는 것은 송견의 생각은 상호 파괴로 귀결되는 일체의 경쟁에 대한 거부 선언이자, 동시에 우리를 훈육하고 지배하려는 체제에 대한 반역 선언이었던 것이다. 한마디로 타인에 대한 인정을 받으려는 내재화된 체제의 명령을 극복하라는 것이다.

어린 시절에는 내게 책임이라는 것과 경쟁이라는 것이 없었으므로 마냥 행복할 수 있었다. 누군가가 나를 두고 경쟁에서 살아남아야 한다거나 일등을 강요했다면 인정 욕구를 채우기 위해 남과 비교우위에 있기 위해 노력하며 스트레스를 받았을 것 같다. 그래서 나는 남들과 경쟁하기보다는 나의 특성 중에서 남들이 바라고 있는 모습을 조금 채우고 남들과 다른 점을 부각시켜 우위에 섰었다.

편견을 극복하는데 가장 좋은 것은 적당히 예쁘고 적당히 공부도 한 후에 편견을 말해야 사람들이 들어주지 루저 상태라면 절대 들어주지 않는다. 게다가 가족이라는 울타리에서 누군가에게 책임을 다해야 할 때 인정욕구는 수반될 수밖에 없다. 그 책임이 싫다면 혼자 살며 경쟁을 안 해도 되고 인정을 채우지 않아도 된다. 책임을 져야 할 대상이 생기면 지금의 나의 위치가 어떤지 남들보다 우위에 있는지를 신경 쓰게 된다. 그냥 내가 가난하면 가난한가보다 공부 못하면 못 하나보다 못생겼다면 못생겼나 보다 하고 자신을 있는 그대로 받아들이는 것이 더 쉽지 않게 된다.

어떤 이들은 행복은 생각하기 나름이라며 자신은 지금 정말 행복하다며 인정욕구를 이야기하는 사람들을 비난한다. 그러나 내가 보기에는 그들이 위선자다. 내 주변에 경쟁이 싫어서 스스로 자기 자신을 특성화시켜 살아남은 사람이 있었다. 대단하다고 생각했었다. 그런데 그렇게 경쟁을 싫어했던 그였지만 자기 자식은 경쟁에서 살아남아야 한다고 가르치더라. 그리고 자신도 공부로 경쟁한 적이 한 번도 없음에도 자식한테는 "공부 잘해라."라고 하더라. 그냥 조소로 답해 드린다.

안락사와 존엄사, 의사 조력 자살

생명윤리

안락사와 존엄사는 비슷해 보이지만 다르다, 그럼 먼저 안락사의 유형부터 살펴보자.

*안락사의 유형

	적극적 안락사	소극적 안락사
자발적 안락사	환자의 동의나 요청에 의해 의사가 독극물을 주입하는 경우 (혹은 환자 스스로 독극물을 주입할 수 있도록 의사가 돕는 경우)	환자의 동의나 요청에 의해 의사가 생명 연장 장치를 제거하거나 사용하지않는 경우

비자발적 안락사	환자가 의식이 없는 상태에서 가족의 동의나 요청에 의사가 독극물을 주사하는 경우	환자의 의식이 없는 상태에서 가족의 동의나 요청에 의해 의사가 생명 연장 장치를 사용하지 않은 경우
반자발적 안락사	환자의 의사에 반해 타인이 강제로 독극물을 주사하는 경우	환자의 의사에 반해 의사가 생명 연장 장치를 제거하거나 사용하지 않는 경우

* 내가 생각했던 존엄사는 보통 소극적 안락사를 의미했다.

대부분의 생명 연장 방법(인공호흡기, 심폐소생술, 신장 투석, 강한 항암제)은 환자에게 심한 고통을 주며 생명만 연장하게 하므로 장치를 제거하여 덜 고통스러운 상태로 존엄성을 유지하다 죽음에 이르게 한다는 의미에서 존엄사라고 부른다고 한다.

미국의 철학자 제임스 레이첼스는 소극적 안락사가 죽어감의 과정을 더 연장시키기 때문에 적극적 안락사보다 더 비인간적이라고 언급한다. 삶의 질의 관점에서 보면 고통을 경감시키는 것이 더 우선되어야 하기에 소극적으로 죽는 것보다 적극적으로 삶을 마감하는 것이 바람직하다고 생각한다.

자발적 안락사는 자살과 의사 조력 자살로 구분된다. 자살은 개인이 높은 곳에서 투신하거나 목을 매달거나 독극물을 복용하는 등의 행위를 통해 죽음에 이르게 되는 것을 말한다. 이와 달리, 의사 조력 자살은 죽기를 원하는 사람이 타인(주로 의사)에게 요청하여 시행되는 안락사를 말한다.

의사 조력 자살은 환자의 요청에 의해 의사가 자살하는 데 필요한 수단이나 정보를 제공하여 환자 스스로 죽음에 이를 수 있도록 돕는 행위를 의미한다. 이는 환자의 생명을 인위적으로 단축하기에 적극적 안락사에 해당되며 현재 윤리적 논란의 중심인 실정이다.

현재 미국을 비롯한 대다수 국가가 소극적 안락사를 법적으로 허용하고 있으며 우리나라 또한 2018년 소극적 안락사를 허용하는 연명의료 결정법이 제정되었다.

네덜란드와 스위스를 비롯한 일부 국가들은 적극적 안락사와 의사 조력 자살을 허용하고 있지만 우리나라를 비롯한 대부분 국가는 이를 금지하고 있다.

* 안락사 찬성의 근거

1. 고통스러운 죽음보다는 편안한 죽음이 낫다.

안락사는 말 그대로 편안한 죽음이다. 자신의 죽을 날이 얼마 남지 않았음을 예감하고 병을 앓아가며 고통스럽게 죽는 것보다 편안하게 죽는 것을 환자가 원한다면 그렇게 해주는 것이 옳다.

2, 경제적 부담.

대부분 중환자는 병원에 오래 머물러 있어야 한다. 환자가 엄청난 경제력을 가지고 있지 않은 한, 환자들에게 값비싼 병원비는 매우 부담스럽다.

3. 장기기증이 활발해진다.

자기 죽음으로 장기기증을 할 경우, 곧 다른 사람의 생명을 살릴 수도 있다. 환자 본인이 판단했을 때 더 이상 살기 힘들다고 판단했을 경우, 나 자신의 빠른 포기로 다른 사람의 생명을 살릴 수 있다면 이 또한 의미 있고 가치 있는 일이라 생각한다.

* 안락사 반대의 근거

1. 안락사 자체가 비인간적인 행위이다.

인간은 누구나 생명을 가진 존엄한 존재인데, 환자가 소생할 가능성이 거의 없다는 이유로 안락사를 실시하게 되면 이것이야말로 살인이기에 명확한 기준 없이 환자의 생명을 빼앗는 행동은 옳지 못하다.

몇 년째 식물인간 상태의 환자를 간호했던 한 서울대 의대 박사가 기적을 본 후 했던 말을 예로 들면 "사망에 이르기 전까지는 형태가 어떠하든 살아있다는 것이다. 살아있는 것은 생명을 가지고 있는 것이며 생명이 있다는 것은 큰 의미가 있다."

한 환자는 자신에게 의식이 없다고 믿고 자신의 앞에서 죽어야 한다는 말을 들었을 때 가장 가슴이 아팠다고 했다. 누구도 그에게 의식이 있을 거로 생각하지 않았으며 다들 곧 죽을 거라고 자신을 포기하는 말을 그는 다 듣고 있었다.

2. 안락사를 악용할 가능성이 있다.

안락사를 사람을 죽이기 위해 악용할 가능성이 있다. 죄 없는 사람을 죽이고 안락사라고 위장할 위험이 있다.

3. 가족들의 끝없는 죄책감

사망하기 직전의 환자가 안락사로 숨을 거두면 당장에 병원비가 들지 않아 좋겠지만 그 후에 조금의 희망이 있었는데 하며 자책할 가능성이 높다. 의사도 사람인지라 오진하기도 하기에 오진으로 사망할 가능성도 존재한다.

환자의 의사를 물어 자신이 죽을지 말지를 결정하는 것은 찬성한다. 쓸데없이 수명만 늘어나서 죽기를 희망한다면 그렇게 해줘야 한다고 생각한다. 자신의 생명은 자신이 결정할 수 있으면 좋겠다. 그러나 환자의 의사를 물어볼 수 없을 때는 함부로 안락사를 결정하지 말았으면 한다.

동양 윤리 VS 서양 윤리

먼저 동양 윤리를 말했던 이황과 이이를 살펴보자. 그 둘에게는 사단칠정 논쟁이 있었는데 구체적으로 말하면 사단은 윤리적인 마음이고 이황은 "사단은 개체의 일상적인 마음을 초월한다."라고 주장했던 반면에 이이는 "일상적 마음 중에 선한 것이 사단일 뿐이다."라고 주장했다. 이는 흄과 칸트의 주장과도 맥을 같이한다. 흄은 인간이 가진 선천적인 동정심에서 윤리의 기초를 찾으려고 했다. 칸트는 동정심과 다른 개념으로 우리에게는 경험하지 않고도 자율적인 주체로서 감정이 변할지라도 항상 그 보편성을 유지할 수 있는 도덕 법칙의 차원에서

'정언명법'이라 정의하며 무조건적으로 반응해야 한다고 주장했다. 따지고 보면 이황의 논리와 칸트의 논리가 닮아있는 것으로 보인다. 개체의 일상적 마음을 초월하여 정언명법을 따라야 한다고 주장하는 것 같다. 이이와 흄의 논리도 닮아 있다. 이이에 의하면 일상적 마음에서 윤리적인 것이 사단이다. 흄에 의하면 인간이 가진 선천적인 동정심에서 윤리가 비롯되는 것이다. 나의 입장에서는 이황의 논리와 칸트의 논리가 더 타당한 듯하다.

돈이 없어서 어쩔 수 없이 돈을 빌려야 하는 사람이 있다. 그는 갚을 수 없지만 갚겠다고 약속을 하고 돈을 빌린다. 이것을 봐준다면 어려움에 빠진 사람이라면 거짓말을 하고 돈을 빌려도 좋다는 것이 법칙으로써 보편화된다. 그러면 누구도 다른 사람의 약속을 믿지 못할 것이고 그와 같은 것은 모두 공허한 거짓 핑계일 뿐이라고 조소할 것이기 때문이다. 이렇게 딜레마적 상황에서 우리는 어떻게 행동해야 할지를 정해야 한다. 이것이 칸트가 말한 자율적 주체다.

칸트에 의하면 "동정심이 전혀 느껴지지 않는 사람이 위험에 빠졌을 때 그를 구할 필요가 없다"라는 생각은 보편적일 수 없게 된다. 또 TV나 인터넷을 통해 알게 된 위기에 빠진 지구 반대편 사람들을 구할 필요도 없을 것이다. 우리가 TV나 인터넷으로 일본군 '위안부' 문제를 제기했을 때 자신들의 일처럼 분개해 준 해외의 그런 경험이 전혀 없었을 네티즌들이 이러하다. 누군가는 이것을 오지랖 넓게 다른 나라의 일에 참견한다고 하지만 말이다. 우리는 윤리적이어야 할 때 사적인 감정을 품어서는 안 될 것이다.

미친 소크라테스 - 디오게네스

소크라테스가 죽고 혼란에 빠진 그리스에 괴짜 철학자가 나타났다. 그는 디오게네스이다. '미친 소크라테스'로 알려져 있다. 그는 '견유학파'의 창시자로 말 그대로 개처럼 살자는 뜻이다. 왜 하필 개냐 하면 싫으면 짖고 좋으면 꼬리를 흔드니까.

고대 그리스의 광장에서 그는 사람들이 다 보는 앞에서 자위했다. 왜 그랬느냐고 묻자 "인간의 3대 욕구를 해결하신 참이었다. 배고픔도 이렇게 문질러서 해결되면 얼마나 좋을꼬?"라고 답했다고 한다. 당대 석학이었던 플라톤을 찾아가 그의 침대를 난장판으로 만들고 "플라톤 자네는 욕망을 버리고 검소하게 살라고 가르쳤지? 그래서 내가 검소하게 만들었다."라고 했다. 친구였던 플라톤에게 먹을 것과 포도주를 가져다 달라고 부탁하자 플라톤은 넘치게 가져다주었다. 그러자 먹을 만큼만 달라니까 차고 넘칠 만큼 가져다주었다면서 그에게 바보라고 힐난했다.

알렉산더 대왕과의 이야기는 유명하다. 알렉산더 대왕이 "들어줄 테니 소원이 있으면 말하라." 하니 "자네가 지금 햇빛을 가리고 있으니 비켜달라." 했다고 한다. 알렉산더 대왕은 내가 왕이 되지 않았다면 디오게네스가 되고 싶다고 말했다 한다. 그의 사상은 견유주의에서 시니컬로 이야기된다. 스토아학파로 파생된다. 그의 철학은 서술보다는 구설로 전해져온다. 이 이야기에서 볼 수 있는 것은 알렉산드로 대왕의 전체주의와 디오게네스의 개인주의다.

오늘날의 소비패턴은 알렉산드로의 전체주의에서 디오게네스의 개인주의로 가고 있다고 볼 수 있다. 소품종 대량생산의 시대에서 다품종소량생산의 시대가 된 것이다. 유행을 따르기보다 개인의 다양한 개성과 니즈를 충족하는 개인 맞춤형 패턴이 된 것이다. 이는 내가 자주 이용하는 sns에서도 나타난다. 빅데이터를 활용한 개개인의 분석이 광고로 나오는 것이다. 30대 결혼한 나를 분석한 시스템은 아동용품이나 화장품 등을 추천한다.

개인주의는 좋은 면도 있지만 나쁜 면도 있다. 개인의 sns에 누군가를 험담하는 글을 쓰고 비난당하자 왜 내 개인적인 공간에 대해 감 놔라 배 놔라 하냐는 예가 그것이다. 그것은 아고라 광장에서 자위행위를 하는 디오게네스와 다를 바 없다. 사람들 다 보는 곳에서 똥을 싸는 것이다.

필자 또한 그런 적이 있어 반성하게 된다. 맞춤법을 틀렸다고 그 글을 캡처한 후 블로그에 올렸던 것이다. 언어적으로 문제가 있는 나도 맞춤법을 안 틀리는데 건강한 네가 틀렸다는 것이다. 지금 생각해 보면 질투였다. 이 자리를 빌려 그녀에게 사과하고 싶다. 고등학교 때 선생님이 하신 말씀이 생각난다. '너의 자유는 타인의 자유를 침해하지 않는 범위에 한해서다.'

타인의 자유를 존중하며 자신의 자유도 누리는 삶이
되기를 바란다.

행복은 어디에서 오는가

흔히 에피쿠로스 학파는 '쾌락주의' 스토아학파는 '금욕주의'로 알고 있다. 이건 반은 맞고 반은 틀렸다.

에피쿠로스의 쾌락은 우리가 생각하는 육체적 쾌락과는 다르다. 우리가 생각하는 쾌락이 쾌락이 아니었고 불쾌한 것이 사실 쾌락일 수 있다. 예를 들어 맛있는 음식이나 성적인 대상은 순간적으로 쾌락을 주지만 인간 자체를 나약하게 만들고는 한다. 반면에 아픔이란 질병과 고된 운동은 순간적으로는 쾌락을 주지만 이겨냈을 경우 이는 인간 자체를 더 강하게 만들어 더 큰 쾌락을 느끼게 한다. 이런 의미에서 에피쿠로스는 쾌락을 '몸의 고통이나 마음의 혼란으로부터의 자유'라 칭했다. 특히 에피쿠로스는 일체의 종교적 미신을 척결하고 이성의 인식에 입각한 곳에 '아타락시아'가 있다며, 이것을 쾌락이라고 불렀다. 에피쿠로스의 이러한 철학적 견해는 쾌락과 아픔, 재미와 어려움, 현시점의 만족과 장기적인 성취의 관계를 살펴보며 인간의 행복과 복지에 대한 이해를 넓히는 데 기여하였다. 그는 쾌락을 지속적으로 추구하되 이성적인 판단을 통해 어떤 쾌락이 진정한 행복을 제공하는지를 판단하는 것의 중요함을 강조하였다.

스토아 철학자의 말에 따르면 스스로 자연과 조화되거나 그런 사태를 일으키는 것에 가치가 있다. 전체에 이로운 것이라면 부분에도 해롭지 않다. 스토아학파에서 말하는 윤리적 입장 즉 '아파테이아'는 이러한 윤리적 입장을 가진다. 자신의 입장에서 불리한 일이 생기더라도 그에 쉽게 분노하지 않는다. 반대로 행운이 닥쳐도 함부로 쾌감을 느끼지 않는다.

불행이든 행운이든 그것이 필연적인 질서에 따라 벌어진 일이라면 쉽게 분노하거나 즐거움에 빠질 이유가 전

허 없다. 이처럼 초연한 세계관은 디오게네스를 떠올리게 한다. 쉽게 일희일비하지 않고 자연에 자신의 정신을 내던졌던 삶의 자세 말이다. 에피쿠로스에 따르면 나의 신체적 고통은 지금은 순간적으로는 불쾌감을 주지만 이겨내면 더 강해져 쾌락을 느낄 수 있다. 스토아에 따르면 신이 나에게 질병을 주었다면 나는 질병을 추구하고 자연에 복종하였을 것이다. 나는 에피쿠로스의 말이 맞는다면 이 시기를 이겨내서 더 강해지고 싶다.

이전에 한지훈 작가님이 '행복은 어디에서 오는가' 책을 선물하신 적이 있다. 아마도 작가님이 보시기에 내가 행복하지 않아 보였나 보다. 솔직히 책을 다 읽지는 않았다. 자기 계발서는 그렇고 그런 이야기만 늘어놓아 재미가 없다. 내 스스로 나의 길을 개척하고 싶었다. 그래도 기억에 남는 것은 행복은 가까이에서 조그맣게 온다는 것이었다. 행복을 얻기 위해 찾기 위해 달릴수록 행복은 보이지 않고 희미해지기만 한다. 주변에 있는 것을 돌아볼 줄 아는 여유를 가지고 작은 것에 행복하다고 느낄 때 진정한 행복이 찾아온다. 전에는 나는 남들의 눈을 의식해 행복해 보이려고 쇼를 했다. 지금은 남들 눈에 행복해 보이지 않을지라도 행복하다.

관종에 관한 철학적 고찰

　철학자 파스칼에 따르면 "우리는 모두 관종이다." 물론 파스칼이 없어 보이게 "관종"이라는 단어를 쓰지는 않았다. 그는 인간이 이성적이고 합리적인 존재라는 데카르트와 다른 철학자들을 정면으로 비판한다. 그는 인간이 가진 "허영심"이라는 것에 주목하는데 이것은 누구나가 가지고 있다. 다만 발현 방식이 다를 뿐이지. 대놓고 말해서 예쁜 여자는 자신의 아름다움을 과시하고 싶어 한다. 허영심이 외면으로 발현된 거다. 그렇다면 못생긴 여자는? 외면보다 중요한 건 내면이라 말하며 자기 유리한 대로 허영심을 부리고 있는 거다.

파스칼은 자신 역시도 이러한 철학을 통해 인정받고 싶고 칭찬받고 싶어 하는지도 모른다고 말한다. 다른 사람을 관종이라 비판하는 사람은 이 허영심의 논리에서 자유로울 수 있는가? 내가 봤을 때는 그도 허영심을 부리고 있다. 다만 형태가 다를 뿐이다.자신은 남들이 뭐라던 시선에서 자유롭다고 주장하지만 내가 보기에는 당신도 허영심을 부리고 있다. 다만 그 허영이 "나는 남들 시선 따위 신경 쓰지 않아. 나는 당신과는 다르게 고귀하니까."라며 반대로 사람들의 시선을 신경 쓰지 않으며 (정말인지는 모르겠다) 허영심을 부리는 것이다.

이 글은 잔뜩 힘준 글이다. 힘 안 주고 쓰면 "작가라면서 글이 그따위예요?" 하고 공격받을 거고 힘주고 쓰면 "관종이라 그런다"라고 할 것이다. 그럴 거면 그냥 나는 관종 하련다. 어쨌든 남 공격하기 전에 나는 허영의 논리에 해당되지 않는가를 반문하기를 바란다.

어차피 너도 관종 나도 관종이다.

직업윤리에 대하여

성악설을 주장했던 "순자"를 기억하는가? 그는 사람이 무리에 섞이면서 자연스럽게 남과 나를 비교하게 되는 것이 당연하다고 했다. 남들 사이에서 "인정받으려는 욕구" 이것이 거의 모든 사람의 직업 선택에 영향을 미친다. 겉으로는 아닌 척해도 속으로는 다들 이 인정욕구를 가지고 있다. 그러나 이 인정욕구에 지배되지 않는 자들이 있다. 바로 책임감을 가진 사람들이다.

직업에 귀천이 없다고 생각하는가? 나는 있다고 생각한다. 예전에는 멸시받던 정육업자나 청소노동자들. 지금은 오히려 돈 잘 벌고 공무직이라고 대우해 준다. 그러나 그들이 돈을 얼마나 버는지 공무직인지 와 관계 지어 그들의 직업을 높게 평가한다? 나는 이것이 더 천박한 사고라고 생각한다. 그들은 얼마 버는지 안정된 직업인지에 따라 대우받아야 하는 것이 아니라 그들이 얼마나 자신의 직업에 책임감을 가지고 일을 하고 있는지에 따라 대우받아야 마땅하다고 생각한다.

정말 천박한 직업은 따로 있다. 남의 노력한 대가를 빼앗아 가거나 등쳐먹는 것들. 그들은 그걸 직업이라 생각하는지 모르지만 직업으로 치기도 싫을 만큼 천박한 놈들이다. 많이들 직업윤리에 대한 자기소개서의 항목을 어떻게 채우냐고 묻는다. 그러면 남들이 바라는 입신양명이 목표가 아니라 책임감을 가지고 일하겠다는 윤리의식을 쓰도록 유도한다.

독립운동가는 자신의 입신양명을 위해 싸우지 않는다. 그들은 죽고 나서 자신의 이름이 잊힐까 봐 두려워하지도 않는다. 자신이 영웅 칭호를 받기 위해 죽음을 기꺼이 받아들인 것이 아니다. 오로지 자신이 태어난 이유가 조국과 민족을 위해서라고 스스로 생각하고 목숨을 바친 것이다. 이것이 숭고한 책임 의식이다.

　지금은 난세가 아니라서 나라를 위해 목숨을 바쳐야 겠다는 책임감을 사람들에게서 찾을 수는 없을 테지만, 자신의 직업에 대한 소명 의식과 책임감을 물을 수는 있다.직업소명설, 또는 천직이라는 말은 처음부터 그 직업이 적성에 맞을 수도 있지만, 아니더라도 책임감으로 직업을 수행해야 한다는 말로 철학자 막스베버가 붙인말이다.

조금 늦는다 한들 어떠하리

不知老之將至(부지노지장지)
열의를 가지고 정진을 계속하면 늙음이 다가옴도 느끼지 못한다.

열의를 갖고 정진을 계속하면 근심 걱정 따위는 깨끗이 잊어버리게 된다. 나이를 먹고 인생의 종말이 다가온다는 등은 조금도 걱정되지 않는다.

공자가 실제 자신의 행동을 말한 것이라고도 전해진다. 시간 가는 줄도 모르고 나이를 잊고 사는 데 가장 필요한 것은 바로 집중과 몰입이다. 무엇이던 하고자 하는 열의와 신념으로 일에 몰두하고 집중하면, 그 시간만큼은 자기 자신을 위해 가치 있게 활용한 것이므로 충분히 만족할 수 있다. 요즘은 시간의 중요성을 부각시켜 '시테크'가 강조되고 있다. 이것은 시간을 돈으로 인식하여 효율적으로 사용하기 위해 구체적인 계획으로 관리하는 것을 말한다. 효율적 시간 사용이 쉽지는 않겠으나, 미래가 어찌 될지 모르는 불안한 인생에서 반드시 알아야 하는 자기 경영의 출발이다.

미국의 대통령이었던 링컨은 "나에 대한 비판에 일일이 변명하느니 차라리 다른 일을 시작하겠다. 나는 최선의 방법으로 목표를 향해 최선을 다할 것이다. 최후까지 그렇게 할 것이다. 결과가 좋다면 나에 대한 악평쯤이야 아무 문제 되지 않을 것이다. 만약 결과가 좋지 않다면 10명의 천사가 내가 옳음을 증언한다 하더라도 아무 효과도 없을 것이다."라고 말했다. 그는 자신의 신념에 의한 굳은 의지로 누가 뭐라건 최상의 결과로 자신의 저력을 증명하였다.

중국 송나라 때 학자 정이는 인생에 세 가지 불행이 있다면서 그 첫째로 '소년등과(少年登科)'를 꼽았다. 어린 나이에 과거에 급제해 높은 벼슬자리에 오르는 '소년 출세'가 인생의 첫째 불행이라는 것이다. 너무 이른 나이에 성공하면 그것이 설사 능력일지라도 나이 많은 후임이 숙일 리 없다. 그러면 숙이지 않는다며 함부로 하게 된다. 득의양양하다. 미움을 받고 나락으로 떨어지면, 그제야 자신을 돌아보게 되니 어찌 불행이 아닐까보냐? 그래서 선인들은 이를 경계했던 것이다. 젊은 날의 이른 출세는 큰 불행의 시작이다.

그러나 대기만성형 인간은 어떠한가? 물리학자 아인슈타인은 부모가 의사를 찾아가 진료를 받게 했을 정도로 어릴 때부터 언어 발달이 늦었다. 말을 할 수 있게 된 다음에도 말이 느려서 다른 아이들에게 놀림을 받았다. 학교 시험에서는 낙제하기 일쑤였으며, 대학교 입학시험에서도 떨어졌다. 발명왕 에디슨도 지나친 호기심으로 상식적이지 않은 행동, 이상한 질문을 많이 해 학교에 입학한 지 3개월 만에 퇴학을 당했다. 그럼에도 불구하고 또래보다 느리고 이상해 보이던 아인슈타인과 에디슨은 인류 발전에 기여한 대기만성형 인간(late bloomer)이 되었다.

자신의 성공이 늦다고 좌절하지 말라. 자신의 목표와 성공 의지가 명확하고 노력을 게을리하지 않는다면 주위의 어떤 비판에도 의연히 대처하고 언제든 그 상황을 슬기롭게 대처할 수 있을 것이다.

무엇을 하던 시간은 흘러간다. 자신에게 주어진 시간을 기쁘게 온전히 자신의 것으로 만들기 위한 의미 있는 노력을 게을리하지 말아야겠다.

어떻게 살아야 하는가

未知生 焉知死(미지생 언지사)

삶에 대해서도 잘 알지 못하면서 어떻게 죽음에 대해 말할 수 있겠느냐?

아직 살아 있는 인간의 도리조차 깨닫지 못하는 자가 어찌 인간의 죽음에 대해 알 수 있겠는가? 죽음을 알려고 하기 전에 우선 삶에 대해 먼저 알아야 한다. 계로가 공자에게 귀신을 섬기는 문제에 대하여 물으니, 공자가 "사람을 섬기는 것도 잘하지 못하는데 어찌 귀신을 섬기겠느냐?"라고 대답하였다. 그러자 계로가 다시 "그렇다면 죽음은 어떻습니까?"라고 되묻자 "아직 삶도 모르는데 어찌 죽음을 알겠느냐?"라고 응대하였다. 공자는 삶에 관한 진지한 성찰과 함께 '죽음 이전의 삶을 받아들이고 진정한 깨달음을 얻고자 노력하라'라는 의미로 말한 것이다.

모든 사람은 귀하게 태어났다. 목숨이 있기에 귀한 것이다. 다른 이유는 없다. 인생을 낭비하는 사람은 행복이 무엇인지, 삶이 얼마나 소중한지 모른 채 그저 그렇게 살다가 생을 마감하게 된다. 살아가면서 한 번쯤은 진지하게 "성공과 행복에 관한 성찰"이 필요하다.

미국의 사상가이자 시인인 랠프 왈도 에머슨은 진정한 성공에 대해 이렇게 말했다. "자주, 많이 웃는 것, 현명한 이에게 존경을 받고 아이들에게 사랑받는 것. 정직한 비평가의 찬사를 듣고 친구의 배반을 참아내는 것, 아름다움을 식별할 줄 알며 다른 사람에게서 최선의 것을 발견하는 것, 건강한 아이를 낳든, 한 뙈기의 정원을 가꾸든, 사회 환경을 개선하든 자기가 태어나기 전보다 세상을 살기 좋은 곳으로 만들어 놓고 떠나는 것, 자신이 한때 이곳에서 살았으므로 인해 단 한 사람의 인생이라도 행복해지는 것, 이것이 '진정한 성공'이다."

누구나 성공한 삶을 꿈꾸지만, 진정한 성공은 출세나 막대한 부를 이루는 것, 혹은 명예나 권력을 가지는 것이 아니다. 사람은 스스로 원해서 태어나지 않는다. 하지만 태어나서 자랄 때까지 부모, 친인척, 이웃, 선생님, 친구, 선배 등 많은 사람의 도움을 받는다. 자신이 '자수성가' 했다고 말하는 사람들 대부분이 자신을 대단하게 평가한다. 자수성가라는 말은 없어져야 하는 말이다. 누군가의 크고 작은 도움 없이는 그 사람의 성공도 없었다.

세상에 태어난 것은 내가 원한 것은 아니지만 살아가는 길은 내가 결정하고 나아간다. 그러므로 자신의 삶에 대해 책임을 져야 한다. 내가 아직까지 살아 있는 데는 이유가 있을 것이다. 그 이유가 세상을 바꾸는 것이 아니라 그저 구성원으로서 살아가는 것이라고 해도 좋다.

"우물쭈물하다가 내 이럴 줄 알았다." 조지 버나드 쇼(1856~1950, 아일랜드 출신의 영국 극작가 겸 소설가이자 비평가의 묘비명이다. 심형래 씨는 자신이 죽는다면 묘비에 "영구 없다."라고 쓰겠다고 했다. 자신의 죽음을 희화화할 수 있다는 것은 그만큼 삶을 치열하게 열정적으로 살아냈다는 것을 의미한다. 만약 내 묘비명을 지금 정하라고 한다면 "편견을 향해 치열하게 싸우다 간다."였으면 한다. 지금까지는 삶을 의미 없고 대충 살았을 수도 있다. 하지만 남은 삶도 그렇게 허송세월처럼 보내지는 않으련다.

죽음은 절대 삶의 피난처가 될 수 없다. 자신의 삶에 책임을 지지 않고 리셋되기를 바라는 마음으로 들 자살을 계획하는데 자살한다고 삶이 달라지겠는가? 성경에서는 자살하면 지옥에 간다. 누가 지옥에 보낼 사람을 좋은 곳에서 태어나게 하겠는가. 이게 자살에 대해 쉽게 말하는 것으로 들린다면 미안하다. 하지만 지옥을 떠나 찾은 피난처는 반드시 같은 지옥일 것이다.

한때 내가 죽지 않고 살아있는 이유는 나같이 아픈 친구들을 위해 무언가를 하라는 신의 계시라고 생각했다. 그러나 그것은 "웃기는 선민의식" 그 이상도 이하도 아니었음을 밝힌다.

집착에서 벗어나는 방법

집착을 없애는 방법은 없다. 장난이 아니라 진짜 없다. 여기에 집착에서 벗어나 깨끗한 마음을 수련을 통해 가꿀 수 있다고 믿는 스님이 있다. 아니 어쩌면 대부분의 스님이 집착에서 벗어나 자신의 마음을 깨끗이 할 수 있다고 믿고 있는지도 모른다.

중국의 승려 신수에 따르면 우리 인간은 어떤 번뇌와 집착도 없는 마음을 가지고 태어난다. 하지만 살아가면서 우리는 무엇인가에 집착하게 된다. 이것은 마치 맑은 청동거울도 시간이 지나면 때가 껴서 녹스는 것과 같은 이치다. 그래서 신수는 우리의 마음을 청동거울, 즉 경(鏡)에 비유했던 것이다. 거울에 녹이 슬지 않도록 하려면 날마다 계속 거울을 닦아주어야 한다. 마찬가지로 집착이 발생하지 않도록 하기 위해서는, 항상 마음을 관찰하고 바로 제거해야 한다는 게 신수의 생각이었다. 청동거울을 닦듯 수시로 닦아야 한다.

사실 마음을 청동거울에 비유하여 맑게 닦겠다는 신수의 생각은 강박관념에 지배받는 것에 지나지 않았다. 같은 중국의 승려 혜능에 따르면 신수는 왜 마음을 닦는지조차 알지 못한 사람이다. 그저 이전의 부처들과 선배 스님들이 마음을 닦았기 때문에 자신도 늘 마음을 닦고 있을 뿐이라는 것이다. 다시 말해 신수의 생각에는 도대체 마음이 무엇인지에 대한 근본적인 고민이 빠져있다는 것이 혜능의 판단이었다. 신수는 그저 마음을 비우는데 집착하고 있는 것이다. 그래서 혜능은 "거울에는 틀이 없다"라는 말로 신수를 비판한 것이다.

자기 마음을 깨끗이 닦는데 골몰하여 이 때문에 타인의 마음을 제대로 간파하지 못하게 된다면, 불교가 강조했던 자비(慈悲)는 과연 무슨 소용이 있겠는가? 불교에서 자비란 타자에 대한 절대적인 감수성에서 나오는 강력한 동정심을 의미한다. 일반인들이 타인의 고통과 슬픔을 보지 못하는 이유는 다른 데에 있는 것이 아니다. 그들 대부분은 무엇인가에 강하게 집착하고 있는 것이다. 잃어버린 돈이나 죽은 아이에게 집착하게 되면, 그 누구든지 친구의 고뇌와 고통에 동정심을 느끼기 힘든 법이다. 우리가 무엇인가에 몰입하고 있을 때, 자신의 사랑과 관심이 필요한 타자는 오히려 방치된 채 시들어 갈 수 있기 때문이다.

우리나라의 승려 원효대사 역시도 '열반에 이르면 오히려 속이 더 시끄러워진다.'고 하였다. 열반에 이르면 모든 번뇌와 걱정이 없어질 것 같지만 주위를 둘러보면 오히려 도움과 마음이 필요한 타자가 눈에 들어온다는 것이다. 도법 스님 역시도 '부처를 만나면 부처를 죽여라'라고 하였다. 자신을 옥죄고 있는 모든 절대적인 가치를 거부하고 나아가며 주위를 둘러보라는 뜻이다.

다시 말해 집착을 없애려 노력하는 것 역시도 큰 집착이다.

학문의 목적

古之學者爲己, 今之學者爲人(고지학자위기 금지학자 위인) 옛날의 학자는 자기 수양을 위해서 공부했는데 오 늘날의 학자는 남의 이목 때문에 공부한다.

공자가 옛날과 오늘날 학자들의 '학문을 대하는 마음 가짐의 차이'에 대하여 말하며 개인의 공명과 이익만을 추구하는 공리주의를 비판한 내용이다. 옛날에는 자기 수양을 위해 공부했는데 요즘은 남에게 자신의 유식함을 자랑하기 위해 공부한다는 뜻을 내포하고 있다.

학문하는 목적은 자신의 기량을 향상하는 데 있으며, 자신의 수양이 높아지고 지식이 풍부해지면 명성이나 지위는 자연히 따라오게 마련이다. 처음부터 신분 상승과 명예를 위해 학문에 뜻을 두는 것은 본말(本末)이 전도(顚倒)된 것과 같다. "나는 무엇을 위해 공부하고 누구를 위해 공부하는가?"에 대해 명쾌한 해답을 제시하는 구절이 아닐 수 없다. 또한 공자는 "배우고 그것을 때때로 익히면 기쁘지 아니한가?"라며 배움의 진수(眞髓)를 이야기하였다. 제대로 된 공부란 자신의 영혼을 살찌우는 일이며, 삶의 즐거움을 깨닫게 하며 의미를 일깨워 준다. 공부해서 남 주는 것이 아니라 자신의 수양을 위해 공부하는 것이 대부분이다.

그러나 철학자 막스베버의 말에 따르면 '직업으로써의 학문'은 조금 다르다. 학문을 배워서 남에게 지식을 전달하는 것이 목표이다. 전에 뵈었던 미래에셋의 은퇴 후 자금관리 교육 담당이시던 김동엽 본부장님도 마찬가지로 삶의 모토를 "배워서 남 주는 것"으로 세우셨었다.

학자란 오늘날에는 우리 자신을 자각하고 사실관계를 인식하는 데 기여하는 전문적인 직업을 말하며, 학문은 결코 구원과 계시를 주는 예언자로부터 받은 은총의 선물이 아니다. 또 현명한 사람들과 철학자들이 행하는 반성도 아니다. 따라서 학문적 직업인인 교수는 지도자가 되어서는 안 된다. 그런데 개중에는 젊은이들의 조언자가 되는 것이 자신의 사명이라 느끼는 사람이 있다. 이것이 주의해야 할 '선민의식'이다. 학문은 사고의 방법과 도구를 찾아내는 데 도움을 준다. 그뿐 아니라 모든 면에서 '명확성'을 얻을 수 있게 돕는다.

그러나 어떤 한 입장에 찬성한다고 말하는 것은 그 신(神)만을 섬기고 다른 모든 신에게 모욕을 가하는 것이나 마찬가지다. 이는 교사가 아닌 선동가의 일이라 할 수 있다. 이와 달리 학문을 하는 사람은 자신이 택한 신이 성스럽듯 다른 신도 그것을 택한 사람에게는 성스러운 것임을 인정해야 한다. 왜 그럴까? 그들이 자기 자신에게 충실했다면, 그들 역시 나름대로 궁극적이면서도 내적으로 의미 있는 결론에 도달했을 것이기 때문이다.

여기서 중요한 점은 궁극적인 결단은 학문을 통해 내려지지만, 학문이 그 결단을 우리에게 그냥 주지는 않는다는 사실이다. 시대적 요구에 따라 이를 '행동'에 옮길

것, 배운 것은 반드시 활용되어야 한다. 그것이 개인의
수양이던 타인을 위한 것이던.

사회를 보는 시선

내 탓을 인정하는 것도 용기다

無罪歲 斯天下之民至焉(무죄세 사천하지민지언)
그해 농사를 망친 것을 세월 탓으로 돌리지 말라

흉년의 탓으로 돌리지 말라. 백성의 기아를 금년의 기후가 나빴기 때문이라고 하거나, 잘못이 흉년에 있다고 여기지 말고 그것을 왕 스스로의 책임으로 여기고 정치를 한다면 천하의 농민들은 모두 기뻐하며 왕의 치하로 모여들 것이다.

왕이 어진 정치를 베풀면 백성들은 그를 본받아 분수

에 맞게 살 것이고, 왕이 걱정하는 것처럼 아랫사람이 윗사람을 해치는 일은 일어나지 않아 나라를 오랫동안 다스릴 수 있을 것이다. 맹자는 왕이 패권주의에 물들지 않고 중심을 백성들에게 두어 도덕적 정치를 베풀 때, 비로소 백성들도 인의 정신을 받들어 왕에 대한 무한 신뢰감을 가진다고 말한다.

　외부의 침략이 없고 어떠한 적도 능히 물리칠 수 있는, 안으로 단단한 태평천국이라 한들 흉년이 들면 민심은 순식간에 흉흉해지며, 불신이 판을 치는 세상이 된다. 과연 흉년이 왕의 책임일까? 이는 정말로 왕의 책임을 물으려는 것이 아니고 어쩔 수 없는 결과에 대해서는 왕이 책임을 지고 최대한 빨리 종결짓자는 의미다. 내부적으로 민심이 흉흉해지거나 기아에 시달리지 않도록 발 빠른 사과와 대책을 수립해야 함을 의미한다. 가장 문제 되는 부분은 책임소재를 파악하는 것과 더불어 누군가는 그 책임을 피할 수 없다는 것이다. 가장 경계해야 할 것은 남 탓하는 것. 그러니까 '책임 전가'이다.

　맹자는 인(仁)은 사람들의 편안한 집이고 의(義)는 사람들의 바른길임을 알 때 올바른 정도(正道)의 이치를 깨닫는 것이라고 하였다. 본인이 잘못했다면 빠르게 그것을 인정하고 반성하는 시간을 가지는 게 좋다. 이것은 귀인이론(attribution theory)이라는 사회 심리학적 요인과도 연관이 있다. 결과가 좋지 않을 때 '남 탓'이나 '환경 탓'을 한다면 그 원인을 외부에 있다고 돌리므로 내가 통제할 수 없는 것이 된다. 그러나 '나의 탓'을 하게 된다면 그 원인은 노력에 의해 통제할 수 있는 것이 된다.

이것은 왕이나 리더의 덕목에만 그치는 것이 아니라 일반인들에게도 적용된다. '남 탓, 네 탓'을 하면 할수록 그만큼 주변에는 불신과 저해 세력들이 쌓인다. 하지만 '내 탓'으로 책임을 인정하고 새로운 해결 방안을 찾고자 노력한다면 내 주변에는 어느새 나를 인정하고 좋아하는 사람이 모여들 것이다. 그리고 이미 항복한 적을 더 공격하거나 해하려 한다면 반드시 역풍을 맞게 된다. 이미 싸울 의도가 없음을 밝혔는데도 계속해서 공격한다면 그동안 쌓아왔던 자신의 이미지에 먹칠을 하게 되는 셈이다.

손자와 오자의 리더십

"손자병법" 한 번쯤은 들어봤을 것이다. 내용은 아마 알지 못할 것이다. 이번 글에서는 '손자'와 '오자'의 병법을 리더십의 관점에서 풀어 보려고 한다.

손자를 만난 오나라 군주 합려는 손자를 시험해 보기로 한다. 그러자 손자는 합려의 총애를 받고 있던 두 명의 궁녀를 각각 대장으로 삼고 군령과 싸우는 법을 익히도록 했다. 당연히 궁녀 둘은 그를 비웃고 명령에 따르지 않았다. 손자는 이에 합려의 만류에도 불구하고 궁녀 둘의 목을 베어 버렸다. 그러자 나머지 궁녀들이 저항하지 않고 그를 따랐다고 한다.

그렇다면 이제 손자의 병법에서 볼 수 있는 핵심 시스템=세를 들여다보도록 하자. 손자에게 세=즉 형세란 군사들이 장수의 명령에 따라 죽음을 불사하고 전쟁에 임하게 하는 조건을 가리킨다고 볼 수 있다. 손자는 형세를 설명하기 위해 천 길 낭떠러지에서 돌을 굴리는 것을 예로 들었다. 돌은 편안한 곳에 있으면 전혀 굴러가려 하지 않는다. 그리고 모난 돌은 자꾸 부딪히며 굴러가는 길을 방해한다. 여기에서 돌은 군사를 의미한다. 장수는 이돌들을 굴리기 위해서 험난한 지형에서 싸워야 하고 모나지 않게 잘 조각해야 한다. 이것은 군사들이 용감하게 싸우기 위해 불가피한 조건을 만들어야 한다는 것을 말한다.

손자의 방법에 따르면 군사들은 적보다 자신의 지도자가 내리는 법령을 더 무서워한다. 결과적으로 그들은 일체의 자의식을 버리고, 장수와 혼연일체가 되어 움직이는 것이다. 이렇게 장수와 하나의 유기체가 되었을 때라야, 그들은 전투를 수행할 때 평상시와 다른 용사로 거듭나게 되고 예상치 못한 승리를 달성하게 될 것이다. 돌은 어디에 위치하고 있느냐에 따라 생각지도 못한 힘을 발휘한다. 사람도 마찬가지 아닌가? 결국 중요한 것은 자연과 사회에서 높은 자리와 낮은 자리라는 일종의 위계성이 존재하고 있다는 발상일 것이다. 물론 사회의 경우 높은 자리와 낮은 자리라는 위계성은 미리 존재한다기보다는 인간이 조성하는 것이라고 볼 수 있다. 그러나 이렇게 조성된 위계성은 마치 한번 융기한 산맥처럼 쉽게 완화되거나 해소되기 힘든 법이다.

그렇다면 오자는 어떤 승리 방정식을 제안했을까? 그는 병졸들에게 자애로운 장수가 승리를 결정한다고 말했다. 오자는 장수의 자애로움 만이 군사들의 자발적 복종을 유도할 수 있고, 결과적으로 강력한 군대를 만들 수 있다고 생각했던 것이다. 가족과 같은 자발적인 군대를 꿈꾸었던 오자의 견해는, 사적인 관계를 군령과 세로 무력화 시키려고 했던 손자의 병법과는 확연히 대조된다고 볼 수 있다. 〈손자오기(오자) 열전〉을 보면 오자가 장군의 신분임에도 병졸들과 동고동락을 같이 했다는 에피소드가 등장한다.

심지어 그는 어느 병졸의 종기를 직접 입으로 빨기까

지 했다고 전해진다. 병사들의 입장에서 오자의 이런 행동은 지금까지의 지휘관들이 보여준 것과는 분명히 다른 것으로 비쳤을 것이다. 이전의 지휘관들은 고급스러운 옷을 입고 좋은 음식을 먹으며, 이동할 때는 마차나 말을 탔고 포근한 침대에서 잠을 잤기 때문이다. 그러나 오자는 이런 장군의 특혜를 모두 거부하고 스스로 몸을 낮추어 병사들과 함께 했던 것이다.

〈손자오기(오자) 열전〉을 보면 오자의 속내를 간파한 또 다른 한 사람이 등장한다. 그는 바로 오자가 직접 종기를 빨아주었다는 말을 듣고 통곡한 그 병졸의 어머니였다. 병졸의 어머니는 자기 아들이 장군의 정성에 감복해 목숨을 내던지고 싸우리라는 것을 직감했던 것이다. 그러나 어찌하겠는가. 그는 불나방처럼 전장에 뛰어들 것을. 자발적 복종도 이 정도 수준이면 아트다.

구체적으로 보면 손자는 공포와 극한적인 상황에 병사들을 내던져 승리를 유도하는 공포 리더십. 군주의 리더십으로 통솔하려 한 반면 오자는 반대로 서번트 리더십으로 솔선수범하여 군사들을 자발적으로 복종하게 했다. 리더 감은 정해져 있다? 어느 영국의 대학에서 한 실험에 의하면 물고기 중에 선천적으로 리더십을 가지고 있던 개체가 우두머리로 설 경우 먹이도 더 잘 구하고 생식능력도 높았다.

그러나 나는 이 말에 100% 동의하지는 않는다. 내가 대학 입학 새내기 때 워낙 종종 앞장서서 자기표현을 잘해서 선배들이 과대를 하라며 몰표를 주었다. 하지만 감투에는 책임이 뒤따르는 법. 나는 자신이 없다며 거절했다. 그러다 2학년이 되었고 학교에선 1기 홍보도우미를 뽑겠다며 지원할 사람은 지원하라고 했다. 모두들 유관순 열사 코스프레의 정장을 입고 왔지만 나는 평소 그대로 양파링 귀걸이에 찢어진 청치마를 입고 갔다. 모두들 본인은 안 붙더라도 쟤(나)는 당연히 탈락해야 한다고 수군댔는데 결과는. 내가 합격한 것이었다.

그리고 홍보도우미는 도우미 특성상 여자 학생이 많아서 다들 내게 회장을 맡으라고 했다. 이번에는 거절 대신 ROTC 출신의 동갑내기가 있길래 그 친구가 리더십이 있어 보이니 나는 옆에서 보좌하겠다고 말했다. 그건 큰 실수였다. 회장이 된 친구는 감투만 썼을 뿐 자신은 ROTC 때문에 시간이 없다며 모든 일을 내게 위임하고 자신은 손을 놓았다. 지옥이 따로 없었다. 모든 일은 내가 다 해야 했고 여학생들이 많았던 탓에 이래도 투덜 저래도 투덜이였다. 너무 힘들어서 울고 있는데 과친구가 "넌 모두가 너를 좋아해야 한다고 생각해? 너 싫다는 사람도 당연히 있어. 그냥 무시하고 네 할 거 열심히 하면 알아줄 거야." 그 말이 아직도 잊히지 않는다.

자주 가던 '웃긴 대학'이라는 사이트가 있는데 몇몇이 내 존재를 의심하고 주작이라며 반대 폭탄을 날렸다. 그러다 회원 중 하나가 "팬이 있으면 안티도 당연히 있어요. 싫어한다는 사람들과 싸우지 마시고 좋아한다는 사람들과 글을 나눠요."라고 말씀해 주셨다. 감동이었다.

리더십은 사람마다 발현 방식이 다를 뿐 네게도 있고 내게도 있다. 발휘해야 할 때 드러나는 것. 그것이 리더십이라고 생각한다. 나는 앞으로 나 좋다는 사람들과 생각을 나눠야지 적을 두는 친구들과 괜히 부딪혀서 소란을 키우지 말아야겠다. 그리고 나는 이 글을 읽는 사람들보다 더 뛰어나고 학식 있는 사람이 아님을 밝힌다.

나는 단지 독자들보다 조금 더 교활할 뿐이다. 인문학

의 위기라며 책 읽기를 권장하는 이때 마침 철학이라는 무기로 나를 포장하고 있는 것이다. 때를 잘 만난 것뿐이다.

기본소득과 무임승차

과연 일하지 않기로 한 사람들에게까지 기본소득이 적용되어야 할까?

동등한 소득에 대한 보편적 권리는 한 사람이 일생 동안 2만~3만 시간 정도로 할당된 사회적 노동을 수행해야만 보편적 의무의 대가로서 제안된 것이다. 그런 주장에는 아마도 모두가 공유할 법한 직관적인 규범이 깔려 있으며 그 규범은 다음과 같이 말할 수 있다. "사회란 각자가 모두 상호적 의무로 연결된 구체적이고 일관된 실재다. 모든 개인은 사회가 제 기능을 하는 데 필요한 만큼의 노동을 수행해야 할 의무가 있으며, 사회는 모든 개인에게 그들 각자가 일생 동안 살아가는 데 필요한 것들을 제공할 의무가 있다." 다시 말해 기본소득이 상호성 규범, 즉 소득은 각자의 생산적 기여도에 따라 분배되어야 한다는 개념을 침범하는 것이라고 가정하자는 것이다.

이러한 비판을 상대화할 수 있는 첫 번째 방법은, 여기에 작용하는 기준이 이중잣대라는 사실에 있다. 일할 능력이 있는데도 일할 의사가 없는 사람들에게는 소득을 주지 말아야 한다고 진심으로 주장하려면, 가난한 사람들뿐만 아니라 부자들에게도 똑같은 원칙을 적용해야 한다. 부자들이 일하지 않고도 얼마든지 여가를 누리는 것은 그대로 두면서 가난한 이들에게는 여가를 금지한다는 것은 문제가 아닐 수 없다. 이러한 비대칭성에 대해 버트런드 러셀은 다음과 같이 비판한다.

"가난한 이들도 여가를 가져야 한다는 생각은 항상 부자들에게 충격적이었다." 존 케네스 갤브레이스도 이렇게 말한다. "여가는 부자들에게는 아주 좋은 것이지만, 가난한 이들에게는 아주 나쁜 것이다. 재산이 더 늘어난 사람은 더 많은 여가를 즐길 자격이 있다고 여겨진다.

따라서 복지 수급자에게는 휴가가 나쁜 것일 수밖에 없다." 그러나 비록 많은 금액이 아니더라도 가난한 이들에게 아무 의무도 부과되지 않는 소득이 생긴다면, 그들에게 여가를 선택할 가능성이 생길 것이며 그렇게 되면 이러한 이중잣대의 불공정성에도 대응할 수 있을 것이다.

인구의 90%가 일을 해야 의식주 등의 기본적인 필요를 모두에게 충족시킬 수 있는 사회에서 지금은 인구의 10%만 일해도 충분한 사회가 되었다. 오늘날 주당 노동 시간을 줄이고자 하는 이들은 노동이 부담스러워 줄이려는 게 아니고 노동을 하나의 특권으로 보고 함께 나누려는 것이다. 이런 맥락에서 노동능력이 있는 사람들이 다른 사람의 노동에 의존해서 생활한다는 이유로 분노의 대상이 되어야 할까? 그리고 일단 기본소득이 도입되었을 때 거의 혹은 전혀 아무것도 하지 않기 위해 그 제도를 이용하려는 사람은 아주 적은 수에 불과할 것이라는 점이다.

이렇게 예측하는 이유는, 설령 아무 의무도 부과되지 않아 노동 공급이 줄어들더라도, 그것이 게으름이라는 의미의 여가 확대를 뜻하는 것은 아니다. 교육. 아이 돌봄, 공동체와 마을 활동 등 더 넓은 의미의 생산적 활동의 증가로 이어지기 때문이다. 그렇다면 일을 하지 않기로 한 이들 중에 육체적, 정신적 장애로 인해 일을 할 수 없는 사람들을 골라내어 줘야 할까? 장애와 일할 의사가 없는 것을 뚜렷이 구분하기는 대단히 어렵다.

정보를 쉽게 얻을 수도 없고 얻은 정보가 그다지 믿을 만한 것도 못 되는 상황에서 그러한 정의의 기준을 엄격히 집행하려 들다가는 득보다 실이 많고 비용도 무척이나 많이 들어갈 수 있다. 정말로 몸이 아픈 이들을 부당하게 처벌하거나 게으른 자들이라고 잘못 추정하는 일을 피하기 위해서라도 많지 않은 액수의 무조건적 소득을 지급하는 것이 가장 합리적인 조치라고 정당화할 수 있는 것이다. 또한 무임승차를 걱정하는 이들이 정말로 걱정해야 할 것은 아무 일도 하지 않고 돈만 받아 가는 일부가 아니라, 필수적인 노동을 많이 하고서도 아무런 소득도 얻지 못하는 무수히 많은 사람이다.

이 시점에서 사회 유기체설이 떠올랐다. 스펜서는 사회가 마치 살아있는 유기체, 즉 생물체와 같이 독자적인 생명력을 지니고 있으며, 환경의 변화에 맞추어 진화할 수 있는 능력까지도 지니고 있다고 보고 있다. 이러한 사회 유기체설에 따라 사회의 각 부분은 인체의 팔, 다리와 내부 기관처럼 사회의 생명 유지와 진화를 위해 나름대로 필요한 기능을 수행하고 있다고 보는 이론이다.

개미들의 세계에서는 일개미가 노동하지만 다른 일개미들은 논다. 그러다가 노동하던 일개미가 일을 쉬면 놀던 일개미들이 일하는 것이다. 놀던 개미는 단지 여가를 통해 노동력을 비축하고 있었던 것이다. 각각의 생명은 소중하며 장애인에게도 살 권리와 여가를 즐길 권리가 있다. 이 세상에 태어나 살게 된 것은 반드시 이유가 있을 터, 자신을 필요 없는 존재라고 여기지 않기를 바란다. 사람 人 자는 사람 두 명이 기대어 있는 모습을 띤다고 하니 혼자서는 살아갈 수 없는 세상이다.

자신이 혼자라고 느끼는가?

가만히 둘러보면 나 또한 혼자 같았지만 독자들과 함께한다.

엘리트 범죄에 대한 철학적 고찰

　부산 저축은행은 국내에서 가장 큰 상호저축은행이었으나 2011년 2월 17일 금융위원회에 의해 영업정지 명령을 받고 2012년 8월 16일 부산지방법원으로부터 파산 선고받았다. 부산 저축은행은 사건이 터지기 이전부터 심각한 경영 문제를 가지고 있었다. 임원들이 주도하여 120여 개나 되는 특수목적 법인(SPC)을 설립하고 4조 5천억 원이 넘는 대출을 해줬다. 특수목적 법인의 사장에는 임원들의 친인척을 바지 사장으로 앉혔고 임원들과 임원 친인척들은 120여 개의 페이퍼 컴퍼니에서 대량으로 월급을 타 먹었다. 그러니까 내부에서 이미 썩어 들어

가기 시작했다.

페이퍼 컴퍼니를 이용해서 해외에 투기성 투자를 했고 회수율은 10%도 되기 어려울 것으로 보인다고 한다. 무엇보다 저축은행이라 제1금융권에는 들지 못해서 은행도 아닌 것이다. 이러니 한국은행의 최종 대부자 기능도 발동이 안 되고 고스란히 그 피해가 예금주들에게 간 것이다. 이런 범죄가 가능했던 이유는 광주 제일 고등학교 동문이 임원과 감사진을 싹쓸이한 탓이다. 이렇게 똘똘 뭉친 지역 인맥은 예상대로 전남 신안 개발 사업에 3,000억 원의 불법 대출을 진행하고 전라남도에 골프장 사업 등을 진행하였다.

자신들의 친인척들에게 7,300억 원을 대출해 주고 현재 6,400억 원이 회수 불가능이다. 심지어 부산 저축은행 영업정지 직전에 광주 일고 출신 임원이 아예 대놓고 호남 향우회 장학금 5억 원을 인출해 주는 파렴치한 모습을 보여준다. 지역 인맥으로 똘똘 뭉쳤을 때 나타날 수 있는 모든 부작용을 보여주는 추악한 범죄로 기록되고 말았다.

의사가 청주의 손꼽히는 대형 산부인과에서 음주 수술을 한 사건도 있었다. 쌍둥이를 임신한 A 씨는 양수가 터져 병원을 방문했지만, 의료진은 계속 수술을 미뤘고, 아들 심장이 뛰지 않는다는 응급 전화를 받고 주치의가 30분 만에 달려왔다. 1시간 동안 진행된 수술 후 아들은 싸늘한 주검이 되어 돌아왔다. 끝내 이름도 지어주지 못한 채 가슴에 묻어야 했던 아들의 죽음을 부부는 받아들이기 힘들었다.

당시 수술실에서 나온 주치의에게 이야기를 듣던 중 A 씨의 시아버지가 주치의 음주 사실을 알아챘고, 경찰이 출동해 음주 측정을 시도했다. 그 결과 수술 당시 혈중알코올농도 추정치는 0.038%로 면허 정지 수준이었다. 음주운전에 음주 수술까지 벌어진, 그야말로 기가 차는 상황이었다. 아들 사망 직후 병원 관계자들과 환자 면담에서 병원장은 주치의가 술을 마셨어도 수술에는 문제가 없었다는 입장을 밝혔다. 현행 의료법상 음주 수술에 관한 규정이 없는 상황이어서 법적 책임을 묻기 힘들다는 것이다.

유가족은 "술을 드셨으면 수술할 상황이 아니지 않나.

담당 당직하는 원장님한테 전화해서 수술 진행하라는 게 맞는 거잖아요"라고 반박했고, 원장은 "주치의라는 애정 때문에 그런 것 같다. 이해해 주셨으면 좋겠다"라고 말했다. 주치의 B 씨는 왜 늦게 온다고 했을까. 그는 타 지역에서 장거리 라이딩을 했고, 여흥으로 술을 몇 잔 마셨는데 오는 길에 깰 줄 알았다고 털어놓았다. 음주 수술 주치의는 제작진이 그날의 음주 수술에 대해 묻자 자전거를 타고 급히 자리를 피했다.

대표 원장은 "주치의가 수술을 시연하지 못할 정도의 만취 수술은 절대 아니다. 음주 수술은 맞지만, 만취 수술은 아니라고 해석하면 된다"라고 해명했다. 부부 측 변호사는 "(원장의 말은) 음주는 했지만, 음주운전은 아니라는 말과 똑같은 논리다. 수술은 사람의 몸에 직접적으로 칼을 대는 행위"라고 반박했다.

부부와 비슷한 피해를 겪은 또 다른 제보자가 용기를 냈다. 해당 병원에서 제왕절개 수술을 받고 생긴 일이었다. 피해자는 수술 후 피가 심하게 나는 응급 상황이었는데 당직의가 수술하지 않고 담당의가 올 때까지 기다렸다. 마취도 없이 생살을 찢는 수술 후 피해자는 극심한 고통을 호소했다. 그렇다면 병원 당직의는 왜 술 마신 주치의를 다음 날까지 기다렸을까. 대표 원장은 즉시 수술하지 않은 것은 더 좋은 결과를 얻기 위한 의료적 판단이었다고 설명했지만 서울의료원 산부인과 전문의는 "사실 이게 일반적이지는 않다.

수술을 앞둔 사람이 양수가 터져 진통이 시작되면 다음 날까지 가지 못하고 수술한다. 비록 작다 하더라도 아기를 빨리 꺼내주어서 힘든 것을 좀 더 쉽게 해줘야 한다"라고 다른 의견을 냈다. 당직의가 수술하지 않은 진짜 이유는 당직의가 페이닥터이기 때문에 주치의 A의 환자를 수술하지 못했다는 것이었다. 하지만 해당 당직의는 의사 경력 10년이 넘는 베테랑이었다. 이에 의료인 출신 변호사는 "일차적으로 당직의가 책임을 지는 게 맞는다고 본다"라는 의견을 전했다. 병원 측 태도는 더욱 황당했다. 해당 병원은 지역에서 손꼽히는 대형 산부인과, 해당 주치의는 여전히 진료를 보고 있었다. '어차피 조금 지나면 기억에서 잊힌다.' 해당 병원은 여전히 문전성시이다.

서울대 법대 출신 변호사 C 씨는 보이스피싱 범죄에

가담한 혐의(사기)로 구속돼 재판에 넘겨졌다. 경찰 조사에서 C 씨는 생활고에 시달리던 중 대부업 관련 간단한 심부름을 하면 돈을 지급하겠다는 광고를 보고 보이스피싱 일당의 수금책 역할을 맡은 것으로 확인됐다. C 씨는 피해자들에게서 돈을 받은 뒤 2,800만 원가량을 두 차례에 걸쳐 보이스피싱 일당에게 송금한 것으로 조사됐다.

1조 원 이상 투자자 손실을 낸 '라임 사태'의 핵심 피의자 대다수도 고학력자였다. 대규모 손실이 발생한 라임 펀드를 설계한 인물로 알려진 이종필 전 라임 자산운용 부사장(42·구속 기소)은 캐나다에서 대학을 졸업한 유학파다. '라임 전주'로 알려진 김봉현 전 스타 모빌리티 회장(46·구속 기소)에게서 금품을 수수하고 금융감독원의 라임 조사 정보를 건넨 혐의(뇌물 수수·공무상 비밀 누설)를 받는 김 모 전 청와대 행정관(46·구속 기소)도 서울대 경제학과를 졸업한 엘리트다.

우리는 흔히 가난이 범죄를 낳는다고 알고 있다. 도둑, 강도, 절도 등은 대부분 가난과 연관된 범죄들이었다. 그런데 이런 범죄는 거의 들추어지고 관련자는 기소되고 감옥에 가지만, 권력층과 엘리트들의 범죄, 기업 범죄, 국가범죄는 공개되지도 않고, 혹 알려지더라도 뿌리는 그냥 둔 채 흐지부지 마무리되는 경우가 허다하다. 그런데 전자는 피해자 몇 사람에게만 영향을 주지만 엘리트 범죄는 온 사회를 오염시키기 때문에 그것은 국가와 사회에 치명적인 해악이다. 중국의 사회학자 페이샤오퉁은 "지주는 소작인 없이는 토지에서 수익을 얻을 수 없으나, 소작인은 지주 없이도 땅을 경작할 수 있다"라고 말한다.

같은 논리로 우리는 금융 비리에 관련된 모든 힘센 사람들은 예금자나 국민 없이는 수익을 얻을 수 없지만, 후자는 이들 없이도 생계를 유지할 수 있다고 말할 수 있다. 땀 흘리는 사람 없이는 세상은 하루도 굴러갈 수 없지만, 이들의 땀 덕분에 먹고사는 사람들이 없어도 세상은 무너지지 않는다. 그런데 오늘 반성 없는 이들 엘리트 범죄자와 그들의 범죄를 변호하면서 돈을 버는 사람들은 자신이 똑똑해서 그 지위와 돈을 누릴 자격이 있다고 착각한다. 피해자 박성자 씨는 "그래도 그들은 배운 사람들 아닌가"라고 물었다. 그렇다. 배웠기 때문에 그렇게 해서는 안 된다는 것이 서민의 상식이다.

그런데 실상은 그 반대다. 배우면 배울수록 더 큰 도둑놈이 되는 한국 사회다. 어디서부터 시작해야 하나? 우선 이 사건 관련자들에 대한 엄한 단죄와 처벌만이 무너진 신뢰를 되찾을 수 있는 길이다. 그다음은 근본과 끝을 착각하고 있는 고위 공직자, 특히 경제 엘리트나 법조인들의 이런 비뚤어진 사고방식이 어떻게 만들어진 것인지 총체적으로 되짚어 보아야 한다.

　고학력자의 사기 · 횡령 등 화이트칼라 범죄 가담은 격화된 경쟁 분위기 속에서 목표가 수단을 압도하는 상황이 낳은 결과로 분석된다. 이웅혁 건국대 경찰학과 교수는 "엘리트의 화이트칼라 범죄 가담은 물질적 결과만 우선시되는 문화적 풍토가 다른 제도적 규범을 점령해 와해시키는 과정에서 발생하는 것으로 볼 수 있다"라고 설명했다. 화이트칼라 경제 범죄가 늘어나는 만큼 사회적으로 피해 심각성을 인식해야 할 때라는 지적도 나온다.

　이윤호 동국대 경찰행정학과 교수는 "화이트칼라 범죄는 그 피해와 규모가 강도, 살인과 비교해 더 클 수 있다"라며 "사회적 인식이 바뀌고 이에 대한 강력한 처벌도 이뤄져야 한다"라고 강조했다. 산업화된 사회와 자본주의 속에서 우리는 돈의 노예가 되어 산다. 어떤 물건이 필요해서 구매하려고 돈을 필요로 했을 뿐인데 어느새 사회는 물건 구매의 용도보다는 '돈'에 초점이 맞춰져 있다. 돈은 사회에 새로운 신분제도를 만들었다. 돈이 있는 계층과 그렇지 않은 계층. 돈을 벌기 위해 취업하려 했지만 애초에 돈이 없으면 공부도 할 수 없다.

이와 같은 불편한 사회를 만든 것은 '수단과 목적의 전치 현상'이었다. 수단으로 쓰이던 돈이 목적이 되면서 나중에는 그 돈의 원래의 기능인 상품을 사기 위한 기능이 아닌 돈이 있으면 나쁜 일을 하더라도 돈이나 권력으로 무마하면 된다는 잘못된 윤리관이 박히게 된 것이다.

법조인이나 의료계가 히포크라테스 선서. 또는 법조윤리를 머릿속에만 새기지 말고 마음 깊은 곳에 새기고 자신들의 직업적 사명은 '사람을 위험에서 구해내는 것'이지 '내 힘과 권력으로 잘못된 길을 가서 돈을 더 버는 것'이 아님을 인지했으면 좋겠다. 자신에게 그리고 가족, 자식들에게 떳떳한 행동을 했는지 스스로 질문하기를 바라며.

마녀사냥, 사형의 금지 이유

넷플릭스 '지옥'을 시청하고 나서,

넷플릭스 지옥은 그야말로 지옥이었다. 내용대로라면 죄인은 신에게 '고지'를 받고 죄를 고하지 않으면 그대로 사람들 앞에서 (그들의 말대로라면) 정의를 지키기 위한 '천사'에게 죽임 즉 '시연' 당한다. 너무 어이가 없고 무서웠다. 악으로 악을 맞서면 정의가 실현되나? 그리고 그 천사라는 게 악을 알아보고 처단한다는데 신생아에게도 '고지'를 주고 '시연' 날짜를 통보했다.

나는 이 시점에서 영화 '지구를 지켜라.'가 떠올랐다. 신하균은 외계인을 물색하여 찾아내서 죽인다. 그러나 정작 외계인을 잡은 것은 몇 안 되었고 그냥 자신에게 해를 가했다고 생각하거나 나쁘게 행동한 사람을 죽인 것이다. 자신은 정의로운 사람이라 생각했지만, 실상은 외계인이라는 핑계로 죽이고 싶은 사람을 죽인 것이다.

이는 중세 시대 마녀사냥을 떠올리게 했다. 당시 로마 교황청은 십자군 전쟁 등으로 인해 입지가 많이 흔들리고 있었다. 교회의 권위를 다시 세우기 위해 교황은 이단자들을 색출해 처형하기를 원했다. 또한 17세기는 날씨가 매우 추웠다. 여름에도 섭씨 7도를 넘지 않아 농작물이 잘 자라지 않았고, 수확 전에 냉해를 입었다. 낮은 기온에 홍수, 우박 등이 계속되면서 사람들은 식량난에 허덕였다. 평균 키가 100년 전에 비해 2cm나 줄어들었다.

굶주린 사람들은 풍요로운 이웃을 질투하기 시작했다. 시민들은 그들의 식량을 나눠 갖기를 원했다. 시민들은 그들을 공격할 이유가 필요했기 때문에 '마녀사냥'을 이용했다. 특히 미망인을 중심으로 마녀사냥은 이뤄졌는데 그들의 눈에는 그녀가 마녀가 아니라도 우리는 굶고 있는데 저들은 풍족하게 산다는 이유였다. 수많은 희생자가 나온 이 마녀사냥은 가장 비극적인 역사로 기록되고 있다.

  사형제도의 폐지는 그 이유가 무엇일까? 시대가 바뀌면서 사상의 자유, 종교의 자유, 표현의 자유 등이 대두되며 사형제도의 존폐 역시 이러한 흐름 속에서 논의된다. 누군가는 범죄를 감소시키기 위해 필요하다고 말했고, 누군가는 극악무도한 죄는 그에 맞게 악형에 처해야 한다고 옹호했지만, 죄를 지은 사람은 어떤 교화의 기회 없이 죽어야만 하는가? 그것만이 속죄하는 길인가? 국가가 국민을 적당한 이유를 대어 살해할 수 있는가? 그것이 국가의 권리로서 존속되어야 하는가? 하는 국가의 권한에 대해 논의되었다. 이러한 이유로 사형제도의 폐지가 논의되었으며 인권과 정의에 대한 이해와 사회의 변화로 인해 사형제도의 필요성과 윤리적 문제들이 계속해서 논의되고 있다.

  사형제도가 폐지된 궁극적 이유는 사형제도가 무고한 이를 향한 국가의 살해 제도가 될 수 있기 때문이다. 대부분 억울하게 사형된 사람은 죽고 나서 몇십 년이 지나고 나서 무죄였음이 밝혀진다. 억울하게 복역한 사람은 국가가 배상하여 남은 삶을 살 수 있으나 죽은 사람은 그 다음이 없다. 사형제도의 폐지는 그 국가의 인권이 높아졌다는 방증이기도 하다.

　내가 로맨스 스캠 피해자 카페에서 잘 지내다가 탈퇴하게 된 이유는, 용의자가 가해자임이 밝혀지지도 않았는데 사진만 들고 그를 가해자라고 부르며 범죄자 취급하는 것이 너무 싫어서였다. 대부분의 경우 사진은 도용이었을 가능성이 높으며 그 사람과 만나 보지도 않고 그 사진이 범인이라고 특정하는 편협함이 정말 싫었다. 가해자임이 밝혀지기 전까지는 용의자를 무죄 추정의 원칙으로 무죄라고 생각하고 있어야 한다고 해도 그럼 그 사람이 가해자일 수도 있으니 가해 추정을 할 수 있는 것 아니 냐며, 이와 같은 연유로 사람은 사람을 재판해서는 안 되며 신이라고 그 사람을 죽여서 죄를 드러내게 한다? 있을 수 없는 일이다.

러시아 vs 우크라이나 전쟁

    러시아가 우크라이나를 침공한 지 벌써 일 년이 지났다. 역시 전쟁은 갑자기 일어나며 많은 비극을 낳는 것 같다. 전쟁은 상대적으로 힘이 약한 나라를 힘이 강한 나라가 침공하는 것이 일반적이다. 마치 3자 세계대전이 일어날 것만 같다. 그렇다면 왜 푸틴은 우크라이나를 침공한 것일까?

    첫 번째로 우크라이나의 나토 가입이 이유이다. 우크라이나의 위치는 유럽과 러시아의 중간지점이다. 그런데 우크라이나가 나토에 가입하려 한다는 것이 이유이다. 나토란 북대서양 조약 기구로 서유럽과 미국 사이에 체결된 집단안전보장 기구이다. 그런데 우크라이나가 나토에 가입하게 되면 러시아 국경에 미국 병력이 맞대게 되는 상황이 발생한다.

두 번째로 에너지 패권 전쟁이다. 러시아는 유럽에 천연가스를 수출하여 수익을 창출하는데 천연가스 파이프라인을 우크라이나에 설치했다. 그래서 우크라이나의 나토 가입 시 유럽에서 얻을 수 있는 수익에 막대한 영향을 미칠 수 있다. 천연가스 문제를 해결하기 위해 공급 루트 다양화를 추진했는데 이것을 노드스트림 2라고 한다. 그런데 나토 동맹국들이 노드스트림 2 설치에 비협조적이다.

한마디로 러시아가 우크라이나를 침공한 이유는 안보와 경제문제 때문이다. 중국인 친구와 러시아의 우크라이나 침공은 정당한가에 대해 토론하려 했더니 전쟁은 안 일어나는 게 좋겠지만 미국이 러시아를 도발해서 전쟁이 일어났다고 했다. 미국이 너희 전쟁 못 하지? 무기도 없지? 하면서 도발했다는 주장이었다. 전쟁이 일어나자 미국은 이때다 싶어 무기를 수출한다고도 했다.

여기까지는 괜찮았는데 남한은 미국의 개라서 꼬리 흔들고 화답만 하고 있다고. 그리고 남한 군사력은 북한 군사력에 비해 형편없다고 깎아내렸다.

나는 순간 열 받아서 잠시 카오스를 겪고 정신을 차린 후 그 애에게 "돈 많은 남한이 왜 핵무기를 가지지 않는 줄 알아? 인류애 때문이다. 핵무기 한 방에 전 세계 인구의 반이 줄어들고 말아. 그래서 그렇게 무서운 무기는 가지지 않는 거다. 북한이 핵무기를 가지려고 발악하는 이유는 핵무기라는 무서운 것마저 없으면 국제적으로 고립되니까 그렇다. 너의 선조 공자 역시 인류애를 강조했었다. 그런데 그렇게 똑똑한 선조가 있는데 너는 왜 그렇게 멍청하냐? 아, 조조가 똑똑한 사람들은 다 죽어서 그렇구나. 이해한다."라고 웃으며 "너의 의견도 존중하지만, 우리나라를 비하하는 너랑은 대화하기 싫어. 바이." 라고 말하며 웃으며 차단했다.

* 우크라이나 젤렌스키 대통령의 리더십

한국 일부 정치권에서 '무능한 정치 초보자' 라고 비

난했지만, 그의 리더십은 러시아와의 전쟁에서 더욱 빛났다. 그는 전쟁이 일어나자 해외로 도피하지 않고 연일 SNS를 통해 평상복 차림으로 국민의 항전을 독려하고 있고, 전 세계에 우크라이나를 자유와 민주주의를 위해 용감히 싸우는 침략의 희생자로 보이도록 고무시켰다. 마치 언더도그마 이론을 사용하는 것처럼 보인다. 아무렴 어떤가 전쟁에서는 승리해야 하니까,

특히 젤렌스키 대통령은 미국이 그에게 전쟁을 피해 피신할 것을 권했지만 "(피신을 위한) 승용차가 아니라 탄약이 필요하다."라고 말하며 수도 키에프에 남았다. 그리고 그는 키에프 거리를 배경으로 인증샷을 찍으며 자신이 수도를 지키고 있다는 사실을 입증하는 것으로도 SNS를 훌륭히 사용했다.

우리나라 임금 중에서도 전쟁이 나자 자국민과 국가를 버리고 평양으로 피신했다가 개성으로 피신했던 분이 계시는데 그분과 확연히 비교되는 용감한 리더십이다. 젤렌스키는 국민에게도 "우리의 정보에 따르면 러시아는 나를 1번 표적으로, 가족을 2번 표적으로 하고 있다. 그러나 우리는 모두 여기에 있다. 우리의 독립과 국가를 지

키고 있으며 앞으로도 그럴 것이다. 우크라이나로 돌아올 수 있는 이들은 모두 돌아와 달라."라며 결사 항전을 호소했다. 그의 결사 항전 소식에 우크라이나 군과 국민이 적극적으로 호응해 러시아군과 격렬히 맞서 침공 속도를 늦추면서 미국 등 서방도 침공 초기 보였던 '무늬만 제제' 태도에서 벗어나 적극적인 지원과 강력 제재에 나서기 시작했다.

젤렌스키 대통령은 침공 초기부터 강력히 요구했던 러시아의 국제은행 간 통신 협의회(SWIFT)의 결제망 배제를 관철시켜 푸틴을 궁지로 몰아넣었다. SWIFT에서 배제되면서 러시아는 주력 수출품인 석유-천연가스 수출이 사실상 차단되었기 때문이다.

그는 법학과 출신 코미디언으로 41세인 2019년 73%라는 경이적 득표율로 당선되었다. 그는 취임사에서 "나는 평생 동안 우크라이나인들에게 웃음을 주기 위해 모든 것을 다해 왔다. 이제 나는 우크라이나인들이 최소한 울지 않도록 하기 위해 모든 것을 다할 것."이라고 말했다. 정치는 정치인만 해야 하는가 하는 물음에 일반인도 정치를 더 잘할 수 있다는 것을 보여준 선례라고 생각한다.

프랑스 마크롱도 그러했고 다른 정치인 중에서도 정치 초보라고 무시당했지만, 더 잘한 예가 있었다. 대통령도 사람인지라 도망갈 수도 있었지만 나라 안에 머물며 SNS를 이용하여 소통했던 리더십은 자칫 '언더도그마'로 오해받기도 하겠다. 하지만 이용할 수 있다면 이용하는 것이 좋다고 생각한다. 전쟁은 이기는 게 목표이므로, 그리고 우크라이나로 날아가서 참전한 청년들을 '관종'이라고 비난하지 말았으면 한다.

어떤 것이 계기인지는 모르지만, 계기는 어쨌든 당신이 할 수 없는 일을 하러 간 것이다. 시간이 있다면 비난 말고 함께 기도하자. 모두 잘될 거라고. 모두 살아 돌아올 거라고.

스마트 세상의 폐해

　요즘은 사람들 간의 대화가 뜸 해졌다. 만나도 서로에게 집중하는 것이 아니라 스마트폰을 보고 있다. 느낀 적이 많을 것이다. 나를 앞에 앉혀 놓고 스마트폰에 집중하던 친구나 가족. 그리고 그들의 모든 세계는 인터넷상에 있다.

　어떻게 보면 나 같은 히키코모리들은 스마트폰 너머의 세계에라도 속할 수 있어 좋다. 글을 쓰고, 실시간으로 피드백을 받고, 그것에 답글 달며 하루를 보낸다. 나는 작가여서 그런 여유가 허락되고 비난받지 않을 수 있다. 세상은 점점 스마트해지는데 인간은 점점 귀찮은 사고를 하지 않으려 든다. 손가락 하나로 모든 원하는 정보를 검색 가능한데 무엇 하러 귀찮게 사고라는 걸 하는가. 이는 우리가 가장 가까운 연인이나 가족의 휴대폰 번호를 외우지 못하는 것만 보아도 알 수 있다. 더불어 요즘에는 114에 전화번호를 물어도 문자로 오고 휴대폰 인증번호도 외울 필요 없이 화면 근처에 나타난다. 따라서 인간은 점점 더 멍청해져 가는 것이다.

스마트 기기에 익숙하지 못한 노인분들은 세상의 변화속도에 맞춰가지 못한다. 인터넷 뱅킹과 앱 또는 ATM 기기를 사용해서 접속하라는 불친절한 은행 업무와 키오스크를 사용해서 주문하라는 매장의 냉소적인 태도에 발길을 돌리게 되는 것이다. 스마트 기기는 똑똑한 것 같지만 사실 더 멍청하다. 인간세계에서는 예외라는 것이 있는데 이놈들은 그런 이해와 배려가 없다.

내가 겪었던 예를 몇 가지 말해 주겠다. 하루는 엄마 생신이라서 비싼 호텔에서 묵었는데 그 호텔 화장실은 스마트 센서로 사람이 곁에 있으면 불이 자동으로 켜지고 변기 뚜껑이 열린다. 이게 처음 볼 때는 신기했으나 엄마 생신 서프라이즈를 위해 화장실에 숨어있는데 계속 뚜껑이 열렸다 닫혔다 하는 거였다. 정말 돌아 버리는 줄 알았다.

아버지께서 새 차를 뽑으셨는데 차가 스마트 전기 차 종이라 모든 게 핸드폰으로 작동이 가능하고 차가 곁에 오면 차 종류까지 화면에 뜬다. 정말 처음에는 센세이서 널했으나 이놈도 스마트한 멍청이였다. 내가 뒷좌석에 승차했는데 차가 인식했다. 거기까지는 좋았다. 내가 뒷좌석에서 안전벨트를 매지 않자 계속 땡땡 거리는 거다. 나도 메고 싶어 그런데 벨트 매는 버튼을 못 찾겠어. 어쩌라고! 차는 속마음도 모른 채 계속 도착할 때까지 땡땡 거렸다. 정말 미치는 줄 알았다.

대중의 이슈와 판단

　사람들은 자극적인 것에 반응할 뿐이다.

　불이익을 받는 노동자들의 모습에 분개하며 시위를 벌이면서도 노출 등의 이슈로 사생활을 보호받지 못한 여자 연예인들의 사진은 돌려보며 시시덕거린다. 정작 어떤 것이 잘 된 것이고 잘못된 것인지 따져보려 하지는 않는다. 어떤 것이 진실이고 어떤 것이 거짓인지는 궁금해하지 않는다. 다만 남들도 그러니 나도 반응할 뿐이고, 눈에 띄는 것에 반응할 뿐인 거다.

　미국산 소고기 수입 허가 때 광우병으로 머리에 구멍

나서 죽는다며 그림 그리고 시위하던 사람들 지금은 어디 간 걸까? 나도 한때는 그러한 루머에 휩쓸려 정말 우리나라 어떻게 되는 줄 알았다.

그런데 친한 서울대 수의학과 친구가 그러더라. 미국 소 병든 모습은 그렇게 잘 보여주는데 우리나라 축산농가 사정은 아무도 보여주지 않고 아무도 보고 싶어 하지 않는다고, 실제로 우리나라 축산농가에서 소 키우는 모습 보면 미국 소 먹고 광우병을 걱정할 게 아니라 우리나라 소 먹는 것을 걱정하게 될 거라고. 그러나 대중은 미국 소 자빠지는 영상만 퍼 날랐다.

남대문 부실 복원 논란이 있을 때 역시 나도 미디어와 대중이 주장하는 대로 복원의 책임을 진 문화재 전문가의 과실이라 생각했다. 돈 주니까 돈 욕심 나서 싼 가격에 인부 불러서 하청주고 놀았던 것이겠거니 했다. 그런데 실제 문화재청에서 일하고 있는 고건축전문가 친구가 말하기를 원래 단청은 목조공사하고 일 년 넘기고 나서 칠해야 한다고 한다. 특히 우리나라처럼 기후가 변화무쌍한 나라는 목조건축에 특히 유의해서 오랫동안 공들여야 한다고 한다.

그걸 몇 개월 만에 만들어 내라는 국가의 계획부터가 잘못된 거란다. 메커니즘도 모른 채 서류로만 일하는 공무원들이니 뭐 안 봐도 뻔하다. 문화재청에서 아무리 해명해도, 의식 있는 기자들이 사실을 이야기하는 기사를 써도 대중들은 까진 단청 사진과 갈라진 목제 사진만 퍼나른다. 대중은 미디어의 시선이 편파적이라며 걱정하지만 실제로 대중의 시선 역시 늘 편파적이다.그런 입장에서 여러 파업사태를 보고 있노라면. 쉽게 내 생각이나 주장을 드러내기 어렵다. 어떤 경우에는 정말 귀족 노조가 이권을 가지려고 운동하고 어떤 경우에는 정말 불합리한 처우 개선을 요구한다. 보이는 것은 일부러 당신을 호도하는 목적일지도 모른다.

참여정부 때 나는 고 노무현 대통령을 지지하던 사람 중 하나였다. 하지만 그의 인간성이나 서번트 정신은 존경하지만 그의 정치적 성향이나 행보는 도무지 호응하기 어렵겠더라. 그럼에도 불구하고 젊은이들은 그의 정치 성향이나 행보는 하나도 모른 채 그저 드러나는 열정과 사회비판이 멋져 보여서 패션 진보가 되곤 했다. 이조차 내 눈에는 그저 자극적인 것에 반응하는 대중의 모습이었다. 대립하는 어느 두 대상이 있을 때 사람들은 흔히

선과 악을 두고 생각한다. 이쪽이 선이면 저쪽이 악이겠지 이쪽이 악이면, 저쪽은 선일 거야

　하지만 모두 알다시피 선과 악이란 추상적이고 관념적인 개념일 뿐, 실제 절대적인 선과 악은 존재하지 않는다. 솔직하게 말해서 정부도 노조도 자기들 원하는 걸 얻어내자고 명분 내세우면서 이기심 부리는 걸지도 모른다는 거다. 무시하자는 것이 아니라, 적어도 사실을 과장하거나 호도하려 하지는 말아야 한다는 것이고 양쪽 모두의 주장을 객관적인 사실과 증거를 통해 충분히 오랫동안 비교해 본 후 어렵게, 힘들게 판단해야 한다는 거다. 그럼에도 불구하고 많은 이들이 사실관계는 따져보지도 않고 조금 더 감성을 울리는 것에 충동적으로 반응하고 그것이 선이라고 주장 한다.

　조금 더 자극적이며 정부 비판적인 주제가 나오면 그것이 애국인 양, 국민을 위하는 것인 양, 더 나아가서는 약자를 위한 것인 양 들고 일어선다.

　그래서 나는 대중이 조금 더 신중해졌으면 한다.

능력주의는 과연 공정한가

    그간 능력주의에 대해서는 그나마 공정하다고 여겨 왔으며 능력에 따른 차별은 당연하다고 생각해 왔다. 차별은 어쩔 수 없이 존재해야만 하는 것이며 겉으로 드러내지만 않는다면 문제 될 것이 없어 보였다. 하지만 마이클 샌델 교수는 능력주의에 대한 차별은 불공정하며 누구도 능력을 가지고 싶지 않아 가지지 않는 것은 아니라고 주장한다. 국가는 시스템을 공정하게 만들고, 개인은 열심히 노력하여 자부심을 갖고 그 대가를 누리게 되는 사회, 이러한 사회는 우리 국민들을 넘어 전 세계가 바라는 것이기도 하다. 그런데 이런 목표가 모든 것을 압도하는 사회, 즉 능력주의 사회는 근본적인 문제를 갖고 있다. 그 결과로 일어난 현상이 소위 '아빠 찬스'라는 말로 제기된 공정성 문제와 '학부모 갑질' 같은 논란 등이다.

샌델 교수는 "현대 자유주의를 규정하는 능력주의적 정치기획의 재검토"를 요청한다. 자유주의의 능력주의적 정치기획은 두 가지로 정리된다. 첫째, 오늘과 같은 글로벌한 기술 시대에는 고등교육이 신분 상승과 사회적 존중을 얻는 길이다. 둘째, 모든 사람에게 주어진 신분 상승을 위한 고른 기회를 통해 성공한 사람은 자신의 재능과 능력으로 얻은 결실을 누릴 수 있다. 이는 매우 공정하며 타당한 관점이라 보인다. 하지만 샌델 교수는 이런 능력주의 이면에는 어둠이 존재한다고 말한다. 대학 학위가 좋은 직장과 능력의 전제 조건이 된다면 학위를 갖지 않은 이들의 사회적 기여는 제대로 인정받지 못한다. 또 교육을 적게 받은 이들이 상위 계층으로 진입하는 문을 막는다.

그동안 미국의 민주당이 가졌던 입장은 현재의 글로벌 경제질서 유지였다. 물가를 저렴하게 하기 위해 많은 일감을 저임금 국가로 아웃소싱했다. 그래서 민주당은 이를 변화시키기보다는 저임금 노동자들이 받는 타격을 줄이고 악화된 직업 전망을 개선하는 데에만 초점을 맞추었다. 그래서 노동자들의 학위 사항을 개선하여 국제적 경쟁력을 강화하도록 정책의 기조를 잡아 왔던 것이다. 고등교육을 통해 신분 상승을 독려하는 방식으로 사회적 불평등을 해결하자는 것이었다. 그러나 이들이 간과한 부분이 있다. 능력주의 중심 사회에 내재한 모욕의 감정이다.

그들에 따르면 공부를 할 수 있게 환경을 만들어 줬지만 대학에 가지 않아 성공하지 못한다면 그 실패는 오롯이 자신의 잘못이 된다. 그들이 성공한 자들로부터 받는 모욕은 정당한 것이 되고 자신은 모멸당해 마땅한 존재가 된다. 그러나 학위가 없고 성공하지 못한 자는 업신여김을 당해도 마땅한가? 그리고 이로 인해 대학 학위를 갖지 못한 이들에 대한 사회적 편견이 널리 퍼지게 된다. 이것이 학력주의라는 편견이다.

오늘날의 입시 비리와 갑질 등으로 뭇매를 맞고 있는 사람들을 보면 죄다 진보 엘리트 계층이다. 아니 보수층도 많은데 그들에게는 엄격한 도덕적 잣대를 들이밀지 않아서 겉으로 드러나지 않는지도 모르겠다. 진보 엘리트 계층은 늘 말로는 평등을 주장하고 서민의 편에 설 것을 맹세하지만 그들은 자신들이 가진 부와 특권을 이용했다. 사실 실력은 경제적 우위와 구별해서 보기가 어렵다. 돈이 많은 집안의 자녀가 높은 성적을 거둘 가능성이 높다. 좋은 사교육을 받아서라도 능력을 높일 수 있다. 그러나 머리가 좋지 못한 경우 아무리 좋은 사교육을 받아도 실력은 높아지지 않는다. 이럴 때 그들이 돈으로라도 갖고 싶었던 것은 명문대 간판이 주는 '능력의 지표'였다.

그들이 욕을 먹는 이유는 간단하다. 타인에게는 높은 도덕적 잣대를 요구하고 자신들도 그것을 지키는 척해왔다. 하지만 현실은? 타인에게 높은 도덕적 잣대를 요구해 왔으니 도덕적인 척하던 진보가 도덕을 무시하고 지키지 않으니 더 비난받는 거다. 자업자득이다.

그러나 의회에는 고학력자들이 들어가야 올바른 정책을 펼치고 효율적이고 합리적인 토론도 가능하지 않을까? 샌델 교수는 정책을 마련하기 위해서라면 전문가들(고학력자들)이 필요하지만 효율적이고 실용적으로 되기 위해서는 엘리트들이 짜놓은 정책이 아니라 그들의 넓은 식견과 그렇지 않은 이들의 삶이 어우러져야 한다고 말한다. 가장 똑똑하고 뛰어난 자들이 더 정치를 잘할 수 있다는 것은 능력주의적 오만이 만들어 낸 허구다.

내가 가진 재능과, 사회로부터 받은 대가는 온전히 나의 몫인가? 노력은 나의 것이지만 노력은 다른 이들도 똑같이 한다. 내가 나의 재능을 가지게 된 것은 순전히 운이다. 나의 노력에 대한 엄청난 대가를 지불하는 사회를 만났다면 내가 시대를 잘 타고난 행운의 결과인 것이다. 우리는 능력 경쟁을 위해 무장한 사람들보다는, 학위는 없지만 우리 사회에 중요한 기여를 하는 사람들, 자신의 일을 통해 부양가족과 공동체를 위해 헌신하는 사람들에게 더 집중해야 한다.

치열한 경쟁에서 빠져서 제 길을 구축하는 사람들이 있다. 경쟁은 때로는 필요한 것이지만 불필요한 경쟁은 경쟁에서 살아남아도 얻게 되는 것이 없다. 따라서 경쟁을 피해서 간다고 하더라도 그들을 겁쟁이라거나 용기 없는 자로 비난하지 말자.

욕망은 부정적인 것인가?

욕망은 절제되어야만 하는가?

거의 모든 경우, 동서양을 통틀어서 욕망은 매우 부정적인 것으로 묘사되어 왔다. 욕망이란 식욕, 성욕과 같이 생명체의 이기적인 욕구이거나 윤리적으로 위험한 욕구로 간주되어 왔던 것이다. 욕망을 절제해야 더 높은 경지에 오를 수 있으며 욕망을 절제하지 못하면 동물과 같은 수준으로 전락할 수밖에 없다고 주장하였다. 그러나 이러한 사상이 20세기 후반부터 흔들리게 되었다. 보드리아르는 저서 '소비 사회와 심리'에서 소비 사회로 진입한 인간에게 욕망은 가장 소중한 가치로까지 격상하게 되었다고 주장한다. 산업자본의 입장에서 볼 때 공동체적인 소비보다 파편화된 개인적 소비가 더 많은 가치를 남기는 것은 사실이다. 심지어 산업자본은 다양한 광고 전략들을 통해 하나의 개인마저도 다양한 소비 주체들로 분할시킨다.

엄마로서 소비해야 할 때가 있고, 여성으로서 소비해야 할 때가 있으며, 친구들 앞에서 과시를 위해 소비해야 할 때가 있다. 이처럼 한 개인이 상품들에 대해 다각도에서 서로 다른 취향과 관심을 가질수록, 산업자본은 더 많은 잉여가치를 가질 수 있다. 그래서 보드리아르는 이렇게 경고한다. 산업자본이 개인적 욕망과 그 충족의 자유를 선전하는 것은 인간의 자유와 해방을 위해서가 아니라 자본주의 자신의 생존을 위해서라고.

우리는 과연 어떤 것을 욕망하는가? 라캉은 우리가 타자의 욕망을 욕망한다고 단언한다. 어떤 매력적인 사람이 백화점에서 옷을 몸에 걸치면서 살펴보고 있었다고 하자. 그 타자가 자리를 떠나자마자 그 사람이 걸친 옷을 몸에 대 볼 수도 있을 것이다. 무의식적으로 우리는 모두 타자가 욕망하는 것을 욕망하는 셈이다. 갓난아이에게 최초의 타자는 곧 어머니일 것이다. 타자에게 지속적으로 사랑받기 위해서 갓난아이는 자신을 돌보아 주는 타자가 자신에게서 욕망하는 것을 행하려 한다.

예를 들어 어머니가 김치찌개를 좋아한다면, 아이는 어머니가 먹은 김치찌개를 젖으로라도 접하게 된다. 어른이 되었을 때 인간은 자신이 어머니의 욕망을 욕망한다는 사실을 쉽게 망각하게 된다. 그래서 자신이 원하는 것은 타인이 원하는 것이었음을 잊게 된다. 타인의 욕망을 욕망하는 것은 어떤 문제도 일으키지 않을 수 있다. 그러나 어머니의 욕망을 그대로 수용하느라 억압되었던 자신의 욕망이 분출되는 경우, 부모와 자식 간의 대립, 혹은 갈등이 벌어지기도 한다. 이것은 자연스러운 현상이며 자신이 주체로 다시 태어나는 과정이다. 그는 인간의 욕망을 결여와 결핍에서 설명하려고 했다. 욕망은 새로운 관계를 만들려는 힘이라고 주장한 들뢰즈도 있다.

그는 우선 생성이란 개념을 창조라는 개념과 구별하고, 기독교의 우주론이 시사하는 것처럼 '무에서 유가 발생하는 것'을 의미한다면, 생성은 '유에서 유가 발생하는 것'을 말한다고 한다.

낡은 자동차가 있다고 하자. 그리고 달리기를 잘하는 사람도 있다. 거친 도로도 있다고 해 보자. 이 사람이 낡은 자동차를 타고 거친 도로를 몇 년에 걸쳐 아주 반복적으로 주행한다면 어떤 일이 벌어질까? 우선 달리기를 잘하던 이 사람의 경우 달리기를 통해 만들어졌던 기존의 근육들이 사라지고 클러치와 브레이크를 밟는 근육이 발달한 것을 확인할 수 있을 것이다. 물론 울퉁불퉁한 노면 때문에 허리나 목의 뼈 구조도 달라졌을 수 있다. 이것은 낡은 자동차, 거친 도로가 이 사람을 중심으로 '연접적'으로 결합된 결과이다. 생성의 과정에서 또 다른 배치, 즉 '아장스망'이 형성된 것이다.

배가 고프면 식욕을 느낀다. 이것이 욕망을 이해하는 전형적인 사고방식이다. 라캉은 바로 이 결여의 모델에 따라 욕망을 사유했다. 반면 들뢰즈에 따르면 욕망은 결여가 아니라 충만으로 사유된다. 욕망은 생산적이고 창조적인 역량, 혹은 외부의 타자와 접촉함으로써 생기는 새로운 삶의 모습을 창조하려는 근본적인 동력으로 간주되었다. 이쯤에서 내가 싫어하는 니체가 나와줘야겠다.

어쨌든 니체의 철학이 들뢰즈에게 이와 같은 사유를 할 수 있게 만들었으니까.

인간은 이성과 비이성의 면모를 모두 가지고 있으며 이성만 강요하는 사회는 다른 쪽으로 폭발할 것이라는 주장이다. 이처럼 들뢰즈에겐 이성만을 강요하고 욕망을 억제하려는 사회는 이상한 사회였음에 틀림없다. 라캉의 모델에서 생각해 보자면 변양균과 신정아는 서로에게 자신이 가지고 있지 않은, 변양균의 권력과 부, 그리고 신정아의 어린 매력에 대한 갈망으로 서로를 탐했는지도 모르겠다.

내가 꿈꾸는 좋은 인간은 이성과 비이성이 조화롭게 적절히 드러나는 인간이다. 그게 가장 인간다움 아닐까?

언론에서 진실은 어떻게 전달될까?

마르크스 이후 이미 자본주의, 국가기구와 관련된 진실은 다 드러났다고 할 수 있다. 자본은 동일한 인간을 노동자와 소비자로 분열하여 잉여가치를 얻는다. 국가가 국민을 위해 예산을 집행한다고 하지만 그것은 모두 국민의 주머니에서 나온 것일 뿐이다. 수탈과 재분배. 이것이 바로 국가기구의 메커니즘이다. 문제는 국가가 가장 많은 세원을 제공하는 자본가 계급이 이익을 옹호한다는 점이다.

마르크스 이후 많은 지식인이 이 가공할 만한 밀월 관

계를 조목조목 폭로했다. 그럼에도 대다수 사람은 그들의 목소리를 외면하고 짜증을 내거나 조롱하고 심지어 공격했다. 도대체 무슨 이유로 대다수 사람은 자신에게 호의적인 진보적 지식인을 적으로 생각하고 반대로 자신의 적인 자본과 국가를 친구로 생각하는가? 이것이 바로 그람시가 감옥에서 오래도록 숙고했던 문제였다. 한마디로 그는 왜 진실이 대다수 민중에게 전달되지 않는가를 고민했던 것이다.

그람시는 지성인과 대중 사이의 괴리가 왜 일어나는지 고민하기 시작한다. 예를 들어 비정규직은 불안한 신분이라는 느낌, 여러 가지 법적 보호가 없어 안정성이 없다는 이해, 비정규직은 노동시장을 유연화하려는 자본과 국가의 책략이라는 인식. 이처럼 느낌은 '나'가 개입되어 주관적이라면 인식은 '나'라는 주관을 괄호 안에 넣어두고 순전히 구조적이고 객관적인 성격을 강하게 드러낸다.

느낌과 인식 사이의 이해는 주관적이며 객관적인 성격을 동시에 갖고 있다. 이렇게 느낌에서 이해로 이해에서 인식으로 이를 때 대중 누구나 지성인이 될 수 있다. 대중적 지성인은 비정규직이나 파트타임 제도의 문제는 자본의 노동시장 유연화 전략의 일환이라고 뭘 그렇게 새삼스럽게 설레발을 치냐고 냉정하게 말하지 않는다. 자본이 만든 불안하고 척박한 노동 조건에 던져진 불안과 절망을 함께 하려는 애정 때문이다. 당연히 대중은 대중적 지성인에게 더 많은 신뢰를 보내게 될 것이다.

거의 비슷한 시기에 독일에서 그람시와 유사한 통찰에 이른 철학자가 있었다. 고상한 상아탑에서 안주하기보다는 저잣거리에서 대중에게 정치 경제학적 진리를 알려주려고 좌충우돌한 철학자, 바로 벤야민이다. 존재니, 생성이니, 주체니, 정신이니, 물질이니, 경제니 무엇이라 불리던 모든 것을 한꺼번에 조망할 수 있는 '특정 관점'이 가능해야만 비판 활동 혹은 철학이 가능한 법이다. 하지만 우리 시대를 규정하는 자본주의는 그런 초월적인 전망이나 조망의 여유를 허락하지 않는다.

광고와 영화로 상징되는 소비 문화에 젖어있는 그래서 실천자가 아니라 구경꾼으로 전락한 대중에게 억압과 착취의 진실을 전할 수 있을까? 벤야민의 영민함은 여기서 빛을 발한다. 우리로 하여금 상품을 사도록 유혹하는 광고, 우리의 푼돈을 노리거나 정치적 판단을 흐리게 하는 영화의 힘을 역이용하는 것이다. 자본과 국가가 가장 자랑하는 광고와 영화의 힘을 이용하는 것, 이것이 벤야민이 스스로에게 부가한 소명이었던 것이다. 벤야민은 영화처럼 글을 쓰려고 했다. 설명하거나 논증하는 지적인 글보다는 보여주는 글을 쓰고 싶었던 것이다.

하나의 사태와 또 다른 사태, 혹은 하나의 인용문과 또 다른 인용문, 하나의 광고 '지라시'와 또 다른 하나의 광고 '지라시'를 결합시켜 '문학적 몽타주'를 만들려고 했던 사람이 바로 벤야민이었다. 그러나 독자, 혹은 대중에게 충격을 주어서 진리의 눈을 뜨게 할 수 없다면 문학적 몽타주를 만들어 무엇하겠는가? 진리를 깨우지 못한 저자는 독자를 깨울 수 있으리라는 희망마저 가질 수 없다.

그람시의 주장에 대해서는 주변에 공공연히 퍼져있는 가짜 뉴스를 인식하고 구분하여 대중적 지성인이 되는 것이 중요하다고 할 수 있겠다. 마침 인터넷에 학생들이 가짜 뉴스를 식별할 수 있는 7가지 체크리스트가 있었다.

① 뉴스의 출처가 누구이며 공동 출처를 파악했는가?

② 당신이 이미 알고 있는 사실과 어떻게 다른가?

③ 제시된 정보가 의미 있는 정보이며 그 정보의 내용을 이해하는가?

④ 제시된 정보가 신뢰할 수 있는 3개 이상의 다른 출처와 일치하는지 확인할 수 있는가?

⑤ 관련 분야 전문가가 그 정보와 연결되었거나 그 정보를 작성했는가?

⑥ 현재 알려진 정보는 무엇인가?

⑦ 저작권이 있는가?

이러한 확인을 거듭하여 대중적 지성인이 되어야 하겠다.

벤야민의 주장을 뒷받침하는 사례로는 서경덕 교수의 독도는 우리 땅이라는 광고를 들 수 있다. 2005년 일본에서 '다케시마의 날' 조례안을 강행해 물의를 일으키자 서 교수는 객관적인 자료로 세계 여론을 환기하자는 의미에서 세계에서 집중하는 언론에 광고를 낼 생각을 하였다.

한국 유명 광고 전문가들의 제작 지원을 받아 자비로

모든 것을 준비한 서 교수는 날짜 지정 광고는 가격대가 높아 지면의 1/6 크기의 스탠드 바이 광고를 채택했다. 서 교수는 "기다림 끝에 7월 27일 자로 광고가 게재될 거란 얘기를 듣고 한숨도 못 잤다"라며 "그날 광고를 확인한 순간 온몸에 전율이 느껴졌다"라고 당시 심경을 말했다.

이 작은 광고의 파급효과는 실로 대단했다. 세탁소를 운영하는 한 교민과 캐나다의 한 택배회사 사장은 각각 포장 비닐 뒷면과 택배 박스에 똑같은 광고를 인쇄하겠다고 했다. 전 세계에 퍼져있는 한인회에서는 각 나라 유력지에 똑같은 광고를 게재했다.

한 사람의 행동은 세계에 엄청난 파급효과를 가져왔다. 한 마리 나비의 날갯짓이 세상을 변화시킨다는 나비효과처럼 말이다. 작은 한 사람의 실천이었지만 그냥 마음이 될 뻔한 일을 용기 내서 실행한 그의 결단력에 박수를 보낸다.

과학이란 무엇인가 VS 과학은 어떤 과정을 거치는가

포퍼는 과학이나 사회의 발전에는 인간의 비판적 이성이 핵심 역할을 담당한다고 확신했던 철학자였다. 과학의 역사를 살펴보면 인간은 자신이 이론적으로 옳다고 생각하는 주장을 경험의 잣대로 비판하고 수정할 수 있었기 때문이다. 이성의 합리적인 추론만을 맹신하지 않고 논리적 추론을 항상 경험에 비추어 점검하려 했던 포퍼의 입장이었다고 할 수 있다.

이 대목에서 중요한 것은 그가 강조했던 '반증 가능성'이란 개념인데, 이는 어느 이론이 과학적이 되려면 경험으로부터 반박되거나 수정될 수 있어야 한다는 것을 뜻한다. 반증 가능성의 원리만 놓고 보면 과학 이론의 타당성은 경험적 실험이나 관찰로 최종으로 심판을 받아야 한다. 한마디로 말해 경험적으로 검증 가능하지 않은 이론은 과학적인 이론이 아니라는 이론이다. 그러나 누구나 알고 있듯이 인간의 삶은 검증 가능한 경험으로만 이루어지는 것은 아니다. 오히려 삶에서 중요한 것은 믿음이나 확신, 혹은 사랑처럼 경험으로 검증되기 어려운 것들 아닌가. 다행스럽게도 포퍼의 표적은 이러한 일상적 삶이 아니라 형이상학적인 담론을 겨냥하고 있다.

후에 포퍼가 〈열린사회와 그 적들〉에서 마르크스 철학을 공격했던 것도 반증 가능성이 없는 철학이 어떤 사회를 지배하는 순간 인간의 비판적 이성은 숨을 쉴 수 없으며, 따라서 그러한 사회는 닫힌사회로 치닫게 되기 때문이었다. 불행히도 포퍼의 주장대로 제도화된 마르크스주의, 즉 스탈린 체제는 닫힌사회였다. 이런 현실적인 경험이 그로 하여금 마르크스 철학 자체를 비판하게 만든 것이다. 그렇지만 사회철학의 맥락에서 마르크스의 사유 자체가 '비판적 이성'의 힘을 입증하는 증거라고 할 수 있다.

포퍼에게서 과학적 지식은 이론적 추측과 논박의 과정을 통해서 점점 더 진보하는 것이었다. 그런데 얼마 지나지 않아 포퍼의 진보적 과학관은 〈과학혁명의 구조〉라는 책이 출간되면서 큰 위기를 맞게 된다.

이 책에서 쿤은 포퍼와의 생각과 달리 과학이 점점 더 진보하는 것이 아니라 혁명적인 단절과 변화를 겪는다고 했으며 이를 '패러다임'이란 개념으로 설명하려고 했다. 쿤은 패러다임을 "어느 주어진 시대의 어느 성숙한 과학자 사회에 의해 수용된 문제 풀이의 표본"이라고 정의한다. 쿤은 각 시대를 장악하는 패러다임들이 서로 '양립 불가능하고' 동시에 '통약 불가능하다'라고 주장한다. 양립 불가능하다는 것이 두 가지 패러다임이 공존할 수 없다는 것을 의미한다면 통약 불가능하다는 것은 두 가지 패러다임 사이에는 공통점이 없다는 것을 의미한다. 과학혁명이란 말 자체가 과학의 발전이 누적적인 것이 아니라 단절적인 과정이라는 것을 웅변적으로 보여준다.

패러다임의 전환, 즉 과학혁명마저도 포퍼의 생각처럼 반증 가능성이나 논박 가능성으로 발생하지 않는다. 현실적으로 고등학교나 대학의 과학실험은 새로운 이론의 발견이 아니라 패러다임을 습득하기 위한 과정으로만 진행되고 있다. 이처럼 정해진 패러다임에 따라 이루어지는 과학적 활동을 쿤은 '정상과학'이라고 부른다. 과학혁명은 이러한 정상과학이 붕괴되는 것을 의미하는 것이다. 쿤에 따르면 정상과학의 붕괴는 새로운 패러다임의 도래 때문에 발생한다.

우리가 특정 패러다임이란 규칙에 의해 지배될 때 우리는 그것을 의식하기 힘들다. 오직 새로운 패러다임으로 개종했을 때만 우리는 과거에 자신이 맹목적으로 따랐던 패러다임이 어떤 성격을 가진 것이었는지 의식할 수 있을 뿐이다. 그렇다면 지금 우리가 무의식적으로 따르고 있는 현재의 규칙들은 과연 어떤 것일까? 미래로 갈 수 없는 우리가 자신의 현재를 알기 위해서 갈 수 있는 곳은 과거뿐이다. 쿤과 포퍼를 통해 이제 역사학은 과거 시대의 흥미로운 정보를 제공하는 단순한 역할을 그치게 된다.

현재 우리의 삶을 지배하는 내적인 규칙을 반성하기 위한 성찰을 담당하면서 역사학은 인문학의 중심에 당당히 서 있을 수 있게 되었기 때문이다. 토머스 쿤에 의해 과학의 역사도 과학자가 의식하지 못한 일종의 사유 규칙, 즉 패러다임의 지배를 받고 있다는 사실이 밝혀졌다.

흔히들 포퍼와 쿤을 동일선상에서 많이 비교하는데, 이것은 어폐가 있다. 사실 두 학자는 과학의 서로 다른 부분에 대한 이론을 내놓았다고 봐야 한다. 포퍼는 "과학이란 무엇인가" 쿤은 "과학이 어떤 과정을 거치는가" 포퍼 이전에 자연과학이 엄청난 성과를 거두게 되었는데 이에 여러 가지 사회과학이 등장하며 자연과학의 지위를 얻으려 했다. 그런데 포퍼의 눈엔 귀에 걸면 귀걸이, 코에 걸면 코걸이였다. 그래서 반증할 수 있는지 아닌지 우리가 신봉하는 모든 이론에 적용해 보아야 하고 그런 비판적 검토가 허용되지 않는 사회는 닫힌사회라며 우려했다. 포퍼의 이론은 우리가 유사 과학이라며 믿는 모든 것들을 반증 가능성의 원리에 놓고 배척하는 데 효율적으로 쓰인다.

내가 처음에 병원에 가도 의사는 방법이 없다며 돌려보냈다. 이후 호전 증상이 나타나 다시 병원에 가니 의사는 의학적으로 설명할 길이 없다며 기적이라 말했다. 이

후 호전 반응이 있을 때마다 기록하고 일기를 썼다. 뭔가 패턴이 있다면 밝혀내서 적용해 보려고 했다. 그러나 그런 것은 없었다. 좋다가 나빴다를 아무런 패턴 없이 반복했다. 어떤 일에는 이유가 있어야 하는데 내가 좋아진 것에는 이유가 없었다.

이것이 쿤이 말한 새로운 패러다임이 아닐까. 내가 낫는다 해도 이것은 다른 사람에게 적용시킬 수는 없을지도 모른다. 하지만 최소한 희망은 되지 않을까?

구별 짓기부터 편견은 시작된다

구별 짓기란 철학자 피에르 부르디외가 처음 규정지은 말로 나와 남이 다르다는 것을 인식하는 말이다. 원래는 미학 용어이지만 나는 윤리학에 가져다 쓰런다.

구별 짓기라는 것은 어찌 보면 사람이 살아가면서 나와 남을 자연스럽게 비교해 가며 생겨난다. 나와 남이 다르다는 것은 어찌 보면 당연하지만 서로에게 공통 분모라는 게 있으면 더 가까워지고 그렇지 않으면 배척하게 된다. 구별 짓기를 잘하는 사람들을 부르디외는 노동자 계층의 고등교육을 받지 못한 사람들로 국한한다. 칸트에 의하면 누드화를 바라볼 때 "어머 야해!" 라거나 사과 같은 정물화를 바라볼 때 "맛있겠다."라고 생각하면 안 된다. 예술품을 감상할 때는 철저히 무관심하게, 관조적 으로 바라보아야 한다.

이 무관심한 척이라도 해야 부르주아 계층이랑 놀 수 있는 것이다. 처음에는 "뭐 이런 재수 없는 사상이 다 있 어?" 하고 생각했다. 그러나 우리가 장애인들을 대할 때 가장 필요한 요소가 이 무관심의 관조이다. 장애인을 보 고 안 되었다거나 불쌍하다거나 속으로는 생각할 수 있 다. 이것을 바깥으로 표출하는 게 얼마나 예의 없고 무례 한 일인지 그들은 알지 못한다. 이것은 미학에서만 이야 기할 것이 아니라 윤리학적으로도 이야기되고 교육되어 야 한다고 생각한다.

내가 다친 지 얼마 안 되었을 무렵 전에 같이 강의하 던 선생님이 "선생님 다시 강의하셔야죠?"라고 말하자 이 비보(내가 다쳐서 강의하지 못하게 되었다는 이야기) 를 해야 했는데, 그게 하필이면 단톡방이었다. 선생님들 은 하나같이 나를 걱정해 주셨는데, 그중에 마흔살 넘어 결혼하신 학원 강사분이 위로해 준답시고 "선생님, 잊지 않을게요." 뭐 하자는 말인가? 이제 너는 강단에는 다시는 돌아올 수 없으니 안 되었다는 말인가? 여러 생각이 교차했지만 끝내 나는 답장을 하지 못했다. 그는 무관심하게 바라보기가 교육 안 된 강사임이 틀림없었다.

"힘내요! 이겨낼 수 있어요!"

뭘 이겨내라는 건지? 응원을 빙자한 진짜 속뜻. "너 장애인이구나. 힘들겠다."

금욕과 소비 사이 자본이 살아가는 방법

　산업자본주의만큼 인간의 삶과 역사를 포괄적으로 변화시켰던 경제체제는 없을 것이다. 산업자본주의가 빠른 시간에 인간과 사회의 재편시키는 데 성공했던 동력을 해명하는데 앞장섰던 학자 중 하나가 베버이다.

　그는 주저 〈프로테스탄티즘과 자본주의 정신〉에서 프로테스탄티즘이라는 정신적 조건이 갖추어져 있었기 때문에 서양에서만 유독 자본주의가 발달하게 되었다고 주장했다. 프로테스탄티즘은 쉽게 말하면 직업소명설, 천직이라는 단어로 대체 가능할 것 같다.

모든 기독교도에게 현세의 삶은 심판의 대상일 뿐 그들에게 진정으로 중요한 것은 천국과 지옥을 가름하는 사후의 심판 그리고 심판 이후의 내세에서의 영원한 삶이기 때문이다.

사후의 삶은 정신적 삶일 것이기 때문에 당연히 생전의 삶에서도 가장 중요한 것은 육신이 아니라 정신적 차원이라고 보았다. 이런 이유로 육체적 욕망과 쾌락을 저주하며 이것을 사탄의 유혹이라며 비난하게 되었다. 그래서 프로테스탄티즘 역시 기독교의 금욕주의적 신념을 잘 보여준다.

이것은 스토아학파의 금욕주의와는 현저히 다르다. 스토아학파의 금욕주의는 스스로 자연에 동화되거나 그런 사태를 일으키는 것에 가치를 둔다. 이러한 의미는 차치하고 베버는 이러한 금욕주의가 절약과 근검으로 상징되는 자본주의 정신을 가능하게 해준다고 말했다. 또 한 가지 우리가 고민해야 할 것이 있다. 20세기 자본주의는 베버의 지적처럼 종교성을 완전히 벗어나 세속화된 것일까? 베버와 동시대에 활동했던 사회철학자 짐멜은 전혀 다른 이야기를 우리에게 들려준다. 존재의 모든 낯섦과

화해 불가능성은 신에서 통일성과 화해를 발견한다는 이 이념으로부터 평화, 안정 그리고 모든 것을 포괄하는 풍성함에 대한 감정이 발생하게 된다.

이런 감정은 신에 대해 생각하거나 우리가 신을 소유하고 있다는 생각으로부터 가능한 것이다. 의심할 여지없이 돈이 자극하는 감정은 이러한 종교적인 감정과 유사성을 지닌다. (중략) 이렇게 해서 돈은 우리로 하여금 개별적인 것을 초월하게 해주며 돈이 지닌 전능을 하나의 최고 원리가 지니는 전능인 양 신뢰하도록 만든다.

동시에 이 원리는 언제든 우리를 개별적이고 비천한 것으로 바꿔버리기도 한다. 따라서 돈의 소유가 허락해주는 감정, 그리고 돈으로 모든 것을 포괄할 수 있으리라는 확신은 돈이 우리 시대의 신이라는 탄식에 대해 심층적 근거를 제시하는 방정식이다.〈〈현대 문화에서의 돈〉〉〈짐멜〉

기독교가 초월 종교였다면 자본주의는 세속 종교였던 것이다. 자본주의가 도래하면서 이제 신의 역할을 돈이 하고 있다는 것, 이것이 짐멜의 생각이었던 것이다.

1970년 베버의 생각에 근본적으로 도전하는 충격적인 책이 등장한다. 보드리아르의 《소비와 사회》라는 책이다. 보드리아르는 산업자본주의 발달의 핵심은 생산력의 비약적 발전이 아니라 오히려 인간의 허영과 욕망을 부추기는 유혹적인 소비의 논리에 있다고 선언한다. 결국 자본주의의 수명을 연장하기 위해 산업자본은 반드시 지속적인 소비를 강제할 수 있어야 했다.

　잉여가치를 획득하기 위해 산업자본은 상품에 사용 가치 그 이상의 것을 각인시켜 넣어야 했다. 상품이 사용 가치만 있다면 소비자는 자신이 구입한 상품의 사용 가치가 완전히 소멸될 때까지는 같은 종류의 상품을 더 이상 구입하지 않을 것이다. 그래서 사용 가치가 소멸되기 전에도 상품을 폐기하고 유사한 다른 상품을 사게끔 유도해야 한다.

　보드리아르는 이 특이한 사용 가치를 '기호 가치'라고 부르며 유혹 전략을 해명한다. 보드리아르에 따르면 "객관적 기능의 영역"이란 구체적 사용의 세계를 의미한다. 예를 들어 유모차는 아이를 태울 수 있는 "객관적 기능의 영역"을 가지고 있다. 객관적 기능의 영역에서 금반

지는 유모차를 대신할 수 없다. 그런데 자신 신분의 영역이나 부유함을 나타내는 영역이라면 서로 대체 가능한 것으로 드러나기 때문이다.

　소비 사회에 대한 보드리아르의 통찰이 중요한 이유는, 그가 인간에게는 타인에게서 자신을 구별하려는 욕망 혹은 허영이 있다는 것을 분명하게 드러냈기 때문이다. 그런데 인간의 구별 짓기 욕망에는 부당하게 자기 삶은 행복하지 못하다는 피해의식이 깔려 있다. 모든 인간에게 안락함과 위세, 행복이 주어지는 것이 아니므로 대다수의 평범한 사람들에게서 자신을 구별하려는 욕망은, 우리가 전에 함께 학습했던 부르디외의 구별 짓기와 상통한다고 할 수 있다. 허영의 논리는 파스칼을 떠올릴 수 있겠다.

　보드리아르는 우리가 사물을 네 가지 시선으로 볼 수 있다고 말한다. 그는 이 가운데 유용성, 거래, 신분의 논리가 자본주의 안에 포섭된 논리라면 오직 한 가지 증여의 논리만이 반자본주의적 논리를 함축하고 있다고 보았다. 증여 곧 선물은 순수한 증여의 논리를 따르는 순간 '상징'이 되며, 자본주의 논리에서 가장 멀리 벗어나게 된다. 인간과 인간 사이에 존재하는 사물들이 인간을 지배하는 것이 아니라 오히려 인간과 인간 사이의 관계가 사물들을 지배하는 것. 이것은 화폐와 상품의 논리로 사물뿐만 아니라 인간마저도 장악하고 있는 자본주의 논리를 벗어나지 못한다면 불가능한 꿈이 될 것이다. 해맑은 아이, 들장미, 그리고 나 자신마저도 다른 것과 바꿀 수 있는 상품이 될 수 없다. 특히 인간을 상품으로 보는 천민자본주의에서 가슴 깊이 새겨야 할 말인 듯하다.

짐멜의 생각에서 "조물주 위에 건물주"라는 농담이 생각났다. 지금은 그야말로 돈을 모시는 세상이 된듯하다. 보드리아르의 주장에서는 "상품이 사용 가치만 있다면 소비자는 자신이 구입한 상품의 사용 가치가 완전히 소멸될 때까지는 같은 종류의 상품을 더 이상 구입하지 않을 것이다."라는 부분에서 어떤 회사가 제품을 너무 튼튼하게 만들어서 고장이 안 나서 새 제품을 구입할 필요가 없어서 망했다는 뉴스가 생각났다. 반대로 배터리 성능을 일부러 저하시켜 새 제품을 구매하도록 해서 소비자 소송이 걸린 A사의 스마트폰이 생각났다.

돈이 제일이다. 돈이 우선이다. 하지만 천민자본주의

에서 탈피하려면 인간의 존엄을 지키고 인정하는 태도가 중요하다. 영화 돌연변이에서는 약을 먹고 잠만 자면 30만 원을 준다는 생동성 시험의 부작용으로 생선 인간이 된 주인공이 등장한다.

영화에 등장하는 주인공의 여자 친구는 주인공을 제약회사에 팔아넘기고 "팔았다고요. 그 찌질한 새끼. 그래서요? 그러면 팔면 안 돼요? 자본주의 사회에서"라고 기자에게 말한다. 자기 몸을 30만 원에 생동성 시험에 넘기는 주인공이나 인간을 제약회사에 팔아버리는 여자 친구 모두 인간의 존엄을 무시하고 있다.

매매혼도 마찬가지다. 못 사는 나라의 여자에게 돈을 주고 데려온다는 건데 사례금이라고는 하나 매매 의심을 지울 수 없다. 여자가 필요한 남자가 돈이 필요한 여자에게 필요한 것을 주고 데려오는 거라고 법에 저촉되는 건 없다고 하지만 인간을 돈으로 사고파는 것은 인간의 존엄을 무시할 뿐만 아니라 상품화하고 있다.

그러나 인간은 절대 상품이 될 수 없다. 이것이 자본주의가 가진 마지막 숙명인 듯하다.

생명체는 자연선택 VS 자연 표류

도킨스는 연구 업적이 탁월해서가 아니라 매력적인 글쓰기와 흡인력 있는 강연으로 전 세계에서 각광받게 된다. 한마디로 그는 독창적인 과학자라기보다는 대중적인 전도사였던 것이다. 간결한 문체, 생생한 비유, 그리고 과감한 주장은 1976년에 출간된 〈이기적 유전자〉를 공전의 히트작으로 만들었다.

유전자는 글자 그대로 부모가 자식한테 물려주는 단위이다. 그런데 이런 유전자에 '이기적'이라는 수식어를 붙이면서, 도킨스는 유전자와 생명체 사이의 관계를 드라마틱 하게 전도하기 시작했다. 그는 유전자의 최종 목적은 '자기 복제' 즉 영원한 생명을 누리는 데 있다고 단언한다. 이 점에서 구체적인 생명체, 예를 들어 우리 인간은 유전자의 입장에선 잠시 얻어 타고 있는 일종의 자동차와도 같은 것이라고 할 수 있다. 자동차가 멈추기 이전에 다른 자동차를 갈아타야만 하는 것처럼, 유전자는 자신이 머물고 있는 생명체가 가장 건강할 때 성호르몬을 분비하도록 명령을 내린다.

도킨스에 따르면 유전자는 우리를 만드는 원초적인 정보이자 동력이라 할 수 있다. 그렇지만 유전자가 만든 모든 생존 기계들이 적응에 성공하는 것은 아니다. 만약 환경에 적응하는 데 실패한다면, 유전자들은 자신이 만든 생존 기계와 함께 숨을 거두게 될 것이다. 이것이 바로 다윈의 자연선택 이론에 대한 도킨스의 이해 방식이다.

도킨스에 따르면 소수의 유전자만이 100만 년에 걸쳐서도 생존했다고 이야기한다. 이것은 그들이 자신들의 생존에 불가피한 생명체를 환경에 적응하도록 잘 만드는 데 성공했다는 것을 의미한다. 그렇다면 자살하거나 굶거나 성관계를 회피하는 개체들은 유전자가 잘 만들지 못한 생존 기계라고 할 수 있을 것이고, 그 책임은 전적으로 유전자가 감당해야 할 몫이라고 할 수 있다.

사실 도킨스의 논리는 일견 그럴듯해 보이기도 하지만 생각해 보면 치명적인 약점을 가지고 있다. 어떤 생명체가 환경에 적응하여 존재한다면, 그는 이것이 모두 유전자가 생존 기계를 만드는데 탁월했다는 증거라고 해석하기 때문이다. 도킨스의 생각이 옳다면, 유전자는 환경의 변화마저도 예측하면서 가장 합리적인 생존 기계를 만들 수 있는 능력이 가능한 것처럼 보인다. 르원틴은 〈DNA 독트린〉에서 진화의 과정에 있는 생명체에게는 적응과 무관해 보이는 속성들이 자주 생긴다는 사실을 강조했다. 우발적인 환경 변화가 일어난다면, 적응에 무관해 보이는 속성들이 오히려 결정적인 역할을 담당할 수 있다.

반대로 환경이 변화되기 이전에 적응에 유리했던 속성들은 새로운 환경에 적응하기 불리한 요소로 작용될 것이다. 한마디로 강한 자가 살아남는 게 아니라 생존한 자가 강하다는 것이다. 기본적으로 생물학자라고 할 수 있는 마투라나는 도킨스와 마찬가지로 유전자의 중요성을 인정하고는 있다. 그렇지만 도킨스가 유전자를 생명체

안의 절대적인 신과 같은 존재로 보았던 것과는 달리, 마투라나는 유전자가 세포의 구성요소 중 하나라고 지적하고 있다. 사실 유전 현상의 경우에도 유전자뿐만 아니라 세포의 다른 성분들도 유전에 깊이 개입하고 있다고 보는 것이 오늘날 생물학계의 정설이기도 하다. 이 점을 분명히 하기 위해서 그는 세포를 전체 국가에, 유전자를 정치제도에 비유해서 설명하고 있다. 이 대목에서 우리는 알튀세르의 중층결정 개념을 떠올리게 된다.

이 개념을 통해 알튀세르는 경제라는 하부 구조가 최종적으로 사회를 결정하지만, 법률과 정치라는 상부구조도 나름대로 자율성을 가진다고 주장했기 때문이다. 이것은 사회 전체의 구성요소들이 나름대로 사회의 모습을 결정하는 데 참여한다는 것을 의미하는 것이다. 그래서 유전자만이 생명을 결정하는 유일한 원인이라는 것을 거부할 때, 마투라나는 일종의 중층결정론을 피력하고 있었던 셈이다. 그렇다면 이제 마투라나가 진화를 어떻게 이해하고 있는지 생각해 보자. 도킨스는 다윈의 자연선택 개념을 받아들여서 진화를 이해했다. 그렇지만 '자기생산'을 강조하는 마투라나에게 자연선택 개념은 생명체의 능동성과 부합되지 않는 발상으로 보였을 뿐이다.

그가 진화를 설명하기 위해서 '자연 표류'라는 개념을 제안했던 것도 이런 이유다. 거대한 산, 그 정상위에 물을 부으면, 그 물은 다양한 방향으로 표류하면서 흘러가게 된다.

어느 경우는 물이 더 흐르지 못해서 물길이 차단될 수도 있고, 다른 경우는 나름대로 길을 찾아서 지금까지 물길이 계속 이어져 올 수도 있다. 전자가 지금은 모습을 감춘 어느 생명 종이라면, 후자가 우리가 지금도 확인하고 있는 식물이나 동물의 경우라고 볼 수 있다. 그래서 마투라나는 진화를 '방랑하는 예술가'에 비유한다. 흥미로운 것은 마투라나의 진화 이미지가 알튀세르의 유고에 등장하는 짧은 글, 〈유물론 철학자의 초상〉에서도 잘 드러나고 있다는 점이다. 알튀세르는 진정한 유물론자에게 나이는 중요하지 않다고 말한다.

그것은 그가 자기 삶을 긍정하는데 이르렀다는 것을 말해 주는 것이다. 유물론자는 자신의 출발지나 도착지를 의식하지 않은 진정한 여행가와 같은 사람이다. 그에게 중요한 것은 여행 도중에 벌어지는 우발적인 사건에서 벌어지는 기쁨이기 때문이다. 마투라나가 주목하는 것은 생명체 자신이 가지고 있는 능동적인 자기 생산의 능력이었다. 물론 이런 능력이 항상 성공하는 것은 아니다. 그것은 외부와의 우발적인 마주침에 상당 부분 의존하기 때문이다. 그래서 마투라나가 이야기하는 진화 과정은 생명체들에겐 일종의 게릴라전 같다고 볼 수 있다.

도킨스의 자연선택 개념은 요즘 걸어 다니는 젊은이들에게서 나타난다. 매력적인 유전자가 살아남는 것처럼 요즘 젊은이들은 예전과는 비교할 수 없을 정도로 키도 크고 잘생겼다. 평창 동계올림픽을 보면서 요즘은 운동선수도 다 잘생겼다는 말이 나왔다. 인류가 개량된 것 같은 정도로 말이다. 마투라나의 자연 표류 개념은 나무늘보에게서 볼 수 있다. 나무늘보는 언뜻 봐서는 잡기 쉬워 많이 잡아먹힐 것 같지만 맛이 없어서 살아남은 케이스다. 자신을 일부러 맛이 없도록 만들어서 살아남았을까? 그렇다면 모든 개체가 맛없도록 진화해야 했을 것이다. 또한 바퀴벌레가 우월해서 살아남았는가?

자연선택이나 자연 표류나 그때는 중요했는지 몰라도 지금은 그리 중요하지 않다. 지금 중요한 것은 과연 DNA에 어떤 정보가 담겨 있느냐와 DNA의 정보를 선택

적으로 잘라내서 기형아나 자폐증 등을 막을 수 있느냐
일 것이다. 지금은 과학기술의 비약적 발전에 담배꽁초
에서 DNA를 발견하여 그것으로 범인의 몽타주를 만들
기도 한다. 헝가리 유람선 침몰 사고 때는 한국인 33명
이 타고 있던 유람선이 침몰했는데 우리나라에서 너무
빨리 DNA를 대조하여 신분을 알아내 세계가 놀랐다고
한다. 성수대교 붕괴나 삼풍백화점 사건 등 큰일이 있을
때 과학적 지식이 누적된 결과라고 한다.

정치적인 것이란?

1972년에 작은 책 한 권, 즉 〈정치적인 것의 개념〉이 출간되어 학계를 발칵 뒤집어 놓는다. 예외 상태, 비상사태를 선언할 수 있는 최고 주권자의 정치권력을 긍정하고 독재를 긍정했던 정치철학자 슈미트가 우리 앞에 등장한 것이다. 그런데 독재를 긍정했던 이 작은 책자가 출간 당시뿐만 아니라 지금까지도 지속적으로 인구에 회자되는 이유는 무엇일까? 그것은 무엇보다도 먼저 이 책에서 그가 '정치적인 것'을 범주적으로 독립시키려 했기 때문이다. 그런데 슈미트에 따르면 "종교적, 도덕적, 경제적, 인종적 또는 그 밖의 대립들"은 항상 '정치적인 것'으로 변질될 위험에 노출되어 있다고 할 수 있다. 심각해지면 적과 동지라는 정치적 대립으로 곧바로 격화될 수 있기 때문이다.

바로 이 대목에서 슈미트는 예외 상태를 규정할 수 있는 초법적인 독재자의 역량을 긍정하게 된다. 만약 다양한 계층들의 이해관계가 국가를 적과 동지라는 이분법으로 분열시킬 때, 독재자는 외부에 적을 설정하여 내부인 모두를 동지로 변화시킬 수 있어야 한다. 만약 그렇지 않을 때 국가는 내란에 휩싸일 수밖에 없을 것이기 때문이다. 놀라운 것은 외부에 적을 설정하는 순간, 동시에 내부 분열이 순식간에 미봉된다는 점이다.

슈미트는 전체 인류를 포괄하는 세계국가라는 것은 결국 꿈에 지나지 않는다고 지적한다. 모든 인류가 동지가 된다면 이것은 '적과 동지'라는 범주의 폐기이자 동시에 정치적인 것의 폐기가 될 것이기 때문이다. 만약 어떤 적도 설정되지 않는다면 정치적인 것이 성립될 수 없고 어떤 국가도 존립할 수 없을 것이기 때문에 결코 세계를 하나의 동지로 이루어진 평화적 집단으로 만들 가능성은 매우 희박하다고 본 것이다. 이 때문에 슈미트는 "정치

적 세계란 다원체이지 단일체가 결코 아니다."라고 단언
할 수 있었던 것이다.

홍미로운 것은 그가 두 차례에 걸쳐 발발했던 세계대
전으로 세계 평화가 도래할 것이라는 착각을 여지없이
공격하는 대목이다. 그는 국가란 어떤 식으로든지 서로
대립과 갈등을 조장하여 그것을 자신의 주요한 양분으로
삼아 존속하는 것이라는 비판이 깔린 것이라고 보았다.
사실 슈미트의 생각 이면에는 인간이란 존재가 끊임없이
적과 동지란 정치적 범주를 통해 편 가르기를 할 것이라
는 비판이 깔린 것으로 보인다.

아감벤은 슈미트가 설정했던 '적과 동지'라는 범주를
대체하는 새로운 범주를 제안하여 '정치적인 것'을 정
의하려고 시도한다. 슈미트의 적과 동지라는 개념은 사
람들 사이에서 설정될 수 있는 것이다. 반면 아감벤이 제
안한 정치적 범주 '벌거벗은 생명과 정치적 존재'는 한
개체 사이에서 그어지는 범주, 혹은 개체를 분열시키는
범주라고 할 수 있다.

고대 그리스 사회에서는 폴리스라는 정치 공동체에 속

할 수 없었던 사람들을 '조에'라고 불렀고, 정치 공동체에 속했던 사람들을 '비오스'라고 불렀다. 여기서 중요한 것은 '비오스', 즉 '정치적 존재'로 분류되는 사람들이 갖는 공포심이다. 그것은 언제든지 정치 공동체에서 부여한 의무를 수행하지 못할 때 '조에' 즉 '벌거벗은 생명'이 될 수 있다는 두려움을 가리킨다. '벌거벗은 생명'과 '정치적 존재', 혹은 '조에'와 '비오스'는 '포함적 배제 관계'에 있다고 이야기하면서 아감벤이 주목했던 것도 바로 이 점이었다.

고대 그리스에서 '벌거벗은 생명'들은 항상 살해될 수 있었다. 그들은 폴리스 외부의 존재로 간주되었기 때문이다. 이 점에서 근대 민주주의는 고대 그리스의 민주주의와는 다르다고 볼 수 있다. 근대 민주주의는 표면적으로는 '벌거벗은 생명'들을 자신의 체제 내에 포섭하고 있기 때문이다. 이주자의 인권, 여성의 인권, 심지어는 애완견의 권리마저도 보호한다고 선전하기 때문이다. 아감벤이 말한 '조에의 비오스'의 모색은 이렇게 출현한다. 그러나 바로 이 순간 심각한 난점이 발생한다. '조에의 비오스'는 조에로 상징되는 인간의 예속화, 그리고 비오스로 상징되는 인간의 권리 주장을 모두 포함하는 개념이다.

체제에 의해 권리가 주어졌기에 이주자나 여성은 그 권리를 언제든지 빼앗길 수 있다는 점이다. 물론 아감벤의 지적처럼 근대 민주주의의 평등이란 이념은 '벌거벗은 생명'의 집요한 투쟁을 통해서 가능했던 것이다. 하지만 아쉽게도 '벌거벗은 생명'의 투쟁은 자신들을 '벌거벗은 생명'으로 만들었던 권력의 해체가 아니라 오히려 권력의 지배하에 들어가는 '자발적 복종'의 형식을 취하고 있다.

슈미트의 지적에서 나는 이라크 전쟁을 떠올렸다. 조지 부시 전 대통령은 이라크 전쟁을 일으킨다. 평화가 너무 오래 지속되니 국민이 너무 나이브한 것 같아 결속력을 다지기 위해서였다. 이라크를 공격하려면 명분이 있어야 하는데 그것마저 없었다. 결국 이라크 전쟁은 애초에 전략적으로 목표하는 바가 없었기에 시작부터 이길 수가 없는 전쟁이었으며, 애초에 이길 수 없는 전쟁을 시작한 부시 행정부의 총체적 무능으로 인해 미국은 천문학적인 군사비 지출과 젊은이들의 죽음을 겪어야 했다.

홉스에 의하면 '자연 상태'의 공포를 해소하기 위해 개인들은 상호계약을 맺어 자신들의 권력을 한곳에 모아주게 된다. 그는 이것이 '리바이어던' 즉 국가가 탄생한 근본적 이유라고 말한다. 아감벤이 말한 '자발적 복종'의 상태가 이러하다. 자칫하면 민주주의를 옹호하려고 만든 투표 제도가 독재자 히틀러를 총통으로 뽑는 결과가 될 수 있다. 그럼에도 우리가 투표해야 하는 이유는 이러하다. '투표란 덜 나쁜 놈을 골라 뽑는 과정이다. 그놈이 그놈이라고 투표를 포기해버리면 제일 나쁜 놈이 다 해 먹는다.' 함석헌 선생의 말씀이다.

'정치에 무관심한 가장 큰 벌은 제일 저질스러운 인간들에게 지배받는 것이다.' 철학자 플라톤의 말씀이다. 투표했으니 정치인 욕을 할 수 있는 것이다. 투표도 하지 않은 사람들은 욕할 자격이 없다. 우리가 벌거벗은 생명으로 권력의 전복을 꾀할 것이 아니라면 권력자에게 힘을 몰아주되 잘못된다면 욕하고 끌어내릴 수 있는 힘을 우리 스스로에게 부여해야 하지 않을까?

종교에 관한 지극히 개인적인 생각

이 글에는 개인적인 생각들이 담겨 있으며 이에 따른
어떠한 반박도 비판도 받지 않겠다. 종교적인 신념 또는
가치관이 다르면 절대 말이 통할 수 없기 때문이다.

나는 신의 존재는 믿으나 종교는 가지지 않는다. 어떻
게 들으면 매우 상충되는 논리 같지만 신의 존재를 믿는
다는 것은 종교를 가지는 것과는 전혀 상관이 없다. 여러
분이 간증하는 신의 응답을 나 또한 들었다. 그래서 신의
존재는 믿는다. 그러나 여기에서 말하는 신은 알라일 수
도 부처일 수도 예수일 수도 있고 전혀 다른 창조자일 수

도 있다. 어떤 신이건 상관없다. 중요한 건 신이 나에게 응답했고 그의 부름을 받았다는 거다.

나는 다소 황당한 생각을 가지고 있다. 알라도 부처도 예수도 다 똑같은 "그"인데 사람마다 이해하는 방식이 다르다고. 그리고 경전이나 성경이나 코란 등의 교리는 사람이 만들었기에 다를 수도 있고 오류도 있는 거라고. 중요한 건 모든 갈등의 원천은 종교라는 것이다. 사람마다 믿거나 보는 것이 다를 수도 있는 건데 서로 배척하고 싸우려 든다.

재미있는 것은 신념이 같은 사람들은 종교가 달라도 함께 나아갈 수 있다는 점이다.

인간중심 세계관 VS 자연중심 세계관

　제나라에 전 씨라는 대귀족이 살고 있었다. 그는 매우 부유했고 잔치도 자주 열었다. 어느 잔칫날, 물고기와 기러기를 전 씨에게 선물로 준 손님이 있었다. 전 씨는 매우 기분이 좋아져서 "하느님께서는 내게 정말 잘해주시는군. 이 물고기와 기러기는 하느님께서 내 배를 즐겁게 하기 위해 태어난 것이 아니겠는가?"라고 했다. 그러자 나이가 열두어 살쯤 된 포 씨 집안의 아이가 일어나서 대뜸 "저는 어르신 말씀에 찬성하지 않습니다. 생물계에 약육강식이 있다지만 하늘이 누구를 위해 누구를 태어나게 한 것은 아니지요. 마찬가지로 모기가 사람의 피를 빨아

먹고, 호랑이가 사람을 잡아먹지만 하늘이 그들을 먹이기 위해 사람을 만든 것은 아니지 않습니까?" 하였다.

영국의 어느 입담 좋은 작가가 이런 말을 했다고 한다. "젖소에게 젖꼭지가 네 개나 있는 까닭은 둘은 송아지를 먹이기 위함이오, 나머지 둘은 사람에게 우유를 공급하도록 하느님이 창조했기 때문이다." 웃자고 한 이야기인지는 모르지만, 전형적인 인간 중심의 사고방식이다. 식물이나 동물을 식용이니, 약용이니, 익충이니 해충이니 따위로 분류하는 것도 순전히 인간 중심의 세계관이다.

중국의 학자 동중서도 이렇게 말했다. "천지가 만물을 만든 까닭은 사람을 위해서이다. 그러므로 먹을 수 있는 것으로 몸을 유지하고 위세를 부릴 만한 대상은 복종시킨다." 그래서 그에 따르면 왕이 정치를 잘못하면 하늘이 천재지변을 일으켜 벌을 내린다. 이것은 얼토당토않은 인간 중심으로 세계가 돌아간다는 사유인 것이다.

세상을 하느님이 어떤 목적을 위해 만들었다는 견해는 통치의 목적이나 인위적 관점에서 세계를 해명하는 것일 뿐 과학적 설명이라 보기는 어렵다. 같은 중국 철학자

왕충은 이를 전면으로 비판한다. 그가 보기에 자연 세계가 인간세계에 영향을 줄 수 있을지는 모르지만 그 역은 결코 아니라는 것이다. 예를 들어 가뭄이 인간세계에 커다란 영향을 주는 것은 사실이지만 기우제를 지낸다거나 하는 인간의 행동들이 거꾸로 가뭄에 영향을 줄 수는 없다는 것이다. 동중서처럼 군주가 정치를 잘못해서 벌을 내리는 것이라면 과거에는 얼마나 많은 천재지변이 발생하였는가를 생각해 보라. 지금 대통령이 잘못해서 홍수가 나고 산불이 발생한다는데 그러면 집권당이 바뀌면 홍수가 안 나고 천재지변이 발생하지 않는가?

신학적 세계관이든 과학적 세계관이든 모두 나름대로 가치가 있다. 그러나 무엇이든 인간 중심적이거나 자기 본위로 생각하지 말아야 한다. 자칫 잘못하다가는 '종족의 우상'으로 변질되기 쉽다. '종족의 우상'이란 영국의 철학자 프란시스 베이컨이 "인간의 지성으로 무언가를 판단하면 있는 그대로 보지 않으며 왜곡된 시선으로 보게 된다. 그래서 이를 피할 수 있는 방법이 적극적으로 필요하다"라는 뜻으로 쓴 말이다.

법에도 예외가 존재한다.

'형법 151조'는 죄를 저지르고 도망친 사람을 숨겨주거나 도와주는 행위를 한 사람을 처벌하는 내용을 담고 있지만 2항에서 그 범죄자의 가족이 은닉죄를 저질렀을 때는 처벌하지 않도록 하고 있다. 형법 155조 역시 타인의 범죄에 관한 증거를 은닉한 사람을 처벌하도록 하고 있지만 범죄를 저지른 본인과 그 가족에 대해서는 처벌하지 못한다.

이러한 법이 생긴 이유는 '가족이 곤궁할 때 도우려는 행위는 너무나 당연한 행위이므로' 처벌할 수 없기 때문이다. 법률적 용어로 '기대가능성'이라는 단어가 있는데 사회적 평균인을 기준으로 극단적인 상황에서 법을 어기지 않기를 기대할 수 없는 경우에 저지른 행위는 처벌하지 않는 개념이다. 위 논리에 따라서 쫓기고 힘든 가족을 숨겨주거나 도와주는 행위는 사회 평균적으로 봤을 때 너무나 당연스러운 행위인 데다 국가가 법으로써 강요하는 것이 인간적으로 가혹하고 윤리적으로 부도덕하기 때문이다.

만약 이런 법이 없어 자식이 도와달라고 왔을 때 처벌이 무서워 부모 스스로 자식을 신고하게 만들거나 반대로 자식을 도와줬다가 부모까지 법의 처벌을 받고 감옥에 가게 되는 등의 상황이 생겨난다면 범인을 숨겨주는 행위 하나보다 더 큰 악영향을 사회질서에 줄 수 있기 때문에 처벌하지 않는다. 한마디로 친족 간에는 '범인 은닉죄'가 성립되지 않는다.

父爲子隱 子爲父隱(부위자은 자위부은)
아버지는 자기 자식을 위해 숨겨주고 자식도 아버지를 위해 숨겨준다.

"아버지의 죄를 폭로하는 행위는 정직하다고 할 수는 있어도 칭찬할 만한 것은 아니다. 아버지는 자식의 죄를 숨겨주고, 자식은 아버지의 죄를 숨겨준다. 이것이 인간의 순수한 정이며, 이 인정 속이야말로 진정 자기를 속이지 않는 정직한 마음이 있는 것이다."

섭공이 공자에게 "우리 마을에 곧은 사람이 있습니다. 자기 아버지가 양을 훔쳤는데, 아들이 이것을 증언했습니다."라고 말하자, 공자가 대답했다. "우리 마을의 곧은 사람은 이와 다릅니다. 아버지는 아들의 죄를 숨겨주고 아들은 아버지의 죄를 숨겨주는데, 그 가운데에 '곧음'이 있습니다." 아버지가 자식을 비호해 주는 것은 부성애고 자식이 아버지를 비호해 주는 것은 효도이니, 이는 법을 초월하는 가치이다. 이런 가치를 추구할 수 있는 자는 올곧지 않을 수 없다.

직궁증부(直躬證父)란, 직궁이 아버지 잘못의 증인이 되어 죄를 증언하게 함으로써 "지나친 정직함은 오히려 정도에 어긋난다"라는 교훈을 담고 있다. 공자는 '어버이는 그 자식을 위해 숨겨주고 자식은 어버이를 위해 숨기니, 정직이란 그런 부자간의 사랑 속에 있어야 한다'라는 의미로 말한 것이다.

당시 섭공은 아비의 횡령에 대한 당연한 처벌을 옹호하며 법치론을 주장했지만, 공자는 오히려 동정론을 펼쳤다. 공자의 주장은 한편으로는 범법행위를 방조한 것처럼 보이기도 한다. 훗날 법가(法家) 사상을 집대성한 한비자는 공자의 입장을 따를 경우, 자칫 국가의 기강이 무너질 수 있다고 질타하면서 섭공의 주장을 전폭적으로 지지했다고 전해진다.

그러나 공자의 주장은 공과 사가 충돌할 때 공적 가치를 무시하고 사적 가치를 따르라는 뜻이 아니다. 국가가 양 한 마리를 횡령한 사건에 대해 부자간의 여지없는 고발을 권장할 경우, 자칫 가정 파탄에 이은 국기문란이 초래될까 우려했던 것이다. 법을 올바르게 지켜내고자 가정을 파탄시켜서는 안 되니, 해당 사안의 경중에 따라 위법 여부를 적절히 판단 후 결정해야 한다는 의미이다.

사람은 누구나 죄를 지으면 그에 맞는 벌을 받게 되어 있다. 요즘은 각종 사회범죄가 만연하고 아무도 믿을 사람이 없는 현실이다. 그에 따라 CCTV 등 언제든 감시 감독이 가능하며 범죄에 대응하는 시스템이 다양화, 전문화되어 있다. 예전에는 이러한 감시 기능이 없어서 죄를 짓거나 도둑질 같은 행위를 하더라도 은폐가 가능했다. 하지만 예보다 법이 중요하다 판단한다면, 자기 아버지가 양 한 마리를 훔치는 것을 보았을 때 증인으로 신고하고 죗값을 받게 하는 행위가 정당하다고 생각할 것이다. 관점을 어디에 두느냐에 따라 판단이 달라질 수도 있다는 것을 의미한다.

전래동화 중에 빨래판을 훔친 아들을 어머니가 알고도 야단치지 않아서 더 큰 도둑이 되었다는 일화가 있다. (동화에서는 소도둑이 되었다고 했다) 이를 저 법에 적용한다면, 잘못된 것은 아들에게 따끔하게 꾸짖어 야단을 치되, 남에게 일부러 알리는 행위는 도가 지나치다 하겠다. 북에서 자주 행해진다는 패륜적 행위가 떠올랐다. 자식이 부모가 처형당하기 전 사람들 앞에서 자신의 부모를 '공개비판'하는 것이다. 분명히 하기 싫고 도망치고 싶었을 것이나 살기 위해 행해야 했던 일 그리고 살아남은 자식들은 살아도 사는 것이 아니었을 테지.

소수집단 우대정책 위헌 판결

2023년 6월 29일 대망의 미국 대학과 기업의 소수집단 우대정책이 위헌이라는 판결이 나왔다.

'정의란 무엇인가'의 저자 마이클 샌델 교수도 책에서 소수집단 우대정책을 옹호했었다. 그러나 시대가 바뀌며 그도 생각이 달라졌는지도 모르겠다. 미연방 대법원은 이날 '공정한 입학을 위한 학생들(Students for Fair Admissions · SFA)'이 소수집단 우대 입학 제도로 백인과 아시아계 지원자를 차별했다며 노스캐롤라이나 대(UNC)와 하버드 대를 상대로 각각 제기한 헌법소원을 위한 결정을 내렸다. 노스캐롤라이나 대는 미국에서 가장 오래된 공립대학이며, 하버드대는 가장 오래된 사립대학이다.

외신에 따르면, 존 로버츠 대법원장은 판결문에서 "학생은 인종이 아닌 개인으로서 경험을 바탕으로 대우받아야 한다"라고 했다. 그는 "너무 오랫동안 대학들이 개인의 정체성을 가늠하는 기준으로 불굴의 도전, 축적된 기술, 학습 등이 아니라 피부색이라는 잘못된 결론을 내려왔다"라며 "우리 헌정사는 그런 선택을 용납하지 않는다"라고 했다.

반면 소수 의견을 낸 진보적 성향의 소니아 소토마요르 대법관은 "평등한 교육 기회는 미국에서 인종적 평등을 달성하기 위한 전제 조건"이라며 "이번 판결은 수십 년 동안 이어진 선례와 중대한 진전을 후퇴시킨 것"이라고 했다. 엘리나 케이건 대법관과 커탄지 브라운 잭슨 대법관도 반대 의견에 동참했다. 다만 잭슨 대법관은 하버드 대학 이사 근무 경력 때문에 하버드대를 상대로 한 헌법소원 사건은 판결에 참여하지 않았다.

그간 소수집단 우대정책은 아시아계 인종에게는 우대되지 않았다. 그 이유는 소수집단 우대정책이 만들어진 계기에 있었다. 소수집단의 인종들을 과거 불리한 처지로 몰아넣은 역사적 차별을 보상하는 차원에서 그들을 우대하게 되었다는 것이다. 그래서 아시아계에는 불합리하게 대하지 않았으므로 아시아계는 우대하지 않는다? 이게 무슨 억지 논리인가?

다음은 다양성의 논리이다. 다양한 인종에게 기회를 준다면, 출신 배경이 비슷한 학생들이 모여 있을 때보다 서로에 대해 더 많은 것을 배울 수 있어 매우 바람직하다. 그러나 이들이 말하는 다양한 인종이란 죄다 흑인과 히스패닉계였을 뿐 아시아 인종은 없었다. 오죽하면 인도인이라는 이유로 미국 대학 시험에 계속 낙방하자 자신을 스스로 흑인이라고 정체성을 조작한 뒤 합격했다는 일화도 있다. 그리고 상대적으로 아시아계 사람들의 성적이 우수하여 따로 우대하지 않아도 된다는 논리였다. 말이 되는가?

원칙적 반박은 다양성이 존재하는 강의실과 더욱 평등한 사회를 추구한다는 목적이 얼마나 가치 있든 간에, 입학에서 인종이나 민족을 따지는 것은 부당하다. 그동안 이 소수집단 우대정책으로 인하여 많은 아시아계 사람들이 대입에서 탈락했는가를 따져보자. 그렇다면 이 소수집단 우대정책은 아시아 사람들에게는 '우대'가 아니라 '배제'였을 것이다. 인종적 평등은 개뿔! 인종적 배제와 차별적 선별이다.

하지만 이런 결정과 선택에는 다 이유가 있었다. 미국 사회에서 흑인 대 백인의 비율은 3:1 정도로, 미국이 발전하는 동안 강제로 노예로 잡혀 왔던 흑인들의 공로가 크다는 생각을 미국 사회가 공유한다. 게다가 절대적으로 소수인 데다 차별받던 흑인에 대해 우대정책을 쓰는 것이 당연하다는 것이 미국 진보의 생각이고 그것을 인정하지 못하는 미국 보수층은 흑인 우대정책에 반기를 들었었다.

그런데 이후 유입된 동양인들은 흑인 사회가 피 흘리며 일궈놓은 터전 위에서 이익만 가져가는 모습이어서 흑인들이 LA 폭동 등으로 동양인들에게 적대심을 보이기도 했었다. 그러나 이번 대법관은 보수인 트럼프 쪽에서 심어놓은 사람으로 모든 사람에게 평등해야 한다고 주장하지만, 알고 보면 속마음은 사실상 흑인에 대한 우대정책을 폐지하자는 쪽이다. 아시다시피 트럼프는 백인우월주의자.

알고 보면 무서운 아메리카! Amazing America! 다.

책 말미에

이 책을 쓰며, 나는 삶의 이면에 녹아있는 철학적인 아름다움을 발견했습니다. 무거운 학문적 용어와 난해한 이론들은 때로는 우리의 생각을 어렵게 만들기도 하지만, 그 아래에는 우리 모두가 공유하는 질문과 답이 숨어있습니다.

"쿠키보다 무겁고 스낵보다 가벼운 비스킷 철학"은 제게 기회를 주었습니다. 이 책을 통해, 저는 삶과 철학 사이의 연결고리를 탐구하고, 일상적인 상황에서도 철학적 관점을 찾아내려고 노력했습니다. 무엇이든 복잡하고 어려워 보이는 주제라도, 단순한 비유와 이야기를 통해 어렵지 않게 이해할 수 있음을 깨달았습니다.

철학은 우리가 답을 찾아야 할 질문을 던지며, 더 깊게 생각하게 만듭니다. 그리고 그 더 깊은 생각을 통해 우리는 더 나은 삶을 살아갈 수 있습니다. "쿠키보다 무겁고 스낵보다 가벼운 비슷킷 철학"이라는 이 책은 그 통찰을 나누고자 하는 작업의 결과물입니다.

이 책을 통해 독자 여러분들도 더 나은 삶과 더 깊은 이해를 찾을 수 있기를 바랍니다. 우리가 매일 만나는 상황에서도 철학을 찾아내며, 무거운 질문들을 가볍게 다루며, 이 세상에서 더 깊은 의미를 발견하기를 희망합니다.

이 책이 세상에 나오기 까지 모든글을 첫 번째로 읽어주신 박성은 선배께 감사드립니다. 편향적 지식을 어디에도 편향되지 않도록 도와 주셨습니다. 나의 참 스승이시자 학과 선배이신 김선욱 교수님. 밤이고 낮이고 가리지 않고 모르는 것을 물었는데 단 한 번도 귀찮아하지 않으시고 답변해 주셨습니다. 그의 배려에 진심으로 감사드립니다.

그리고 유머 커뮤니티 웃긴대학의 유저분들게 감사드립니다. 마음이 아플 때 마다 그곳에 글을 올렸고 그 때마다 응원과 격려를 해주셨습니다. 그곳에는 웃긴 자료도 많지만 때로는 굉장히 철학적인 물음과 성토가 펼쳐

졌습니다. 그 곳에서의 질문들에 철학으로 답해왔고 그 글이 바로 이 책이 되었습니다. 이책을 태어나게 해준 곳이 바로 웃긴대학입니다. 이책을 쓰는데 도움을 주신 모든 분들게 감사드립니다.

비스킷 철학에 도움을 준 책들

- 철학 VS 철학 / 오월의봄 / 강신주

- 인생의 답은 내 안에 있다 / 미디어숲 / 김이섭

- 심리학이 불안에 답하다 / 미디어숲 / 황양밍

- 인생의 변화는 말투에서 비롯된다 / 미디어숲 /황시투안

- 내 곁에서 내 삶을 받쳐주는 것들 / 미디어숲 / 장재형

- 내일을 바꾸는 인생 공부 / 미디어숲 / 신진상

- 끌리는 사람은 1%가 다르다 / 더난출판사 / 이민규

- 불안 / 은행나무 / 알랭 드 보통

- 왜 나는 눈치를 보는가? / 고즈윈 / 가토 다이조

- 언더도그마 / 지식갤러리 / 마이클 프렐

- 단 한 번밖에 살 수 없다면 인문고전을 읽어라 / 밀리언
  서재 / 김부건

- 가면과 본색 / 샘엔파거스 / 천공

- 예루살렘의 아이히만 / 한길사 / 한나 아렌드, 김선욱 옮김

- 죽기는 싫으면서 천국엔 가고 싶은 / 후마니타스 / 에이
  미 거트먼, 조너선 D. 모레노 지음

- 21세기 기본소득 / 흐름출판 / 필리프 판 파레이스
- 공정하다는 착각 / 와이즈베리 / 마이클샌델
- 고전의 숲 / 포레스트북스 / 김태완
- 정의란 무엇인가 / 와이즈베리 / 마이클샌델
- 존엄에 대하여 / 양세진 / 북랩
- 당신은 어떤 가면을 쓰고 있나요? / 양스위엔 / 미디어 숲

그 외

- www.thescoop.co.kr
- ko.wikihow.com
- www.econotelling.com
- www.ggmedinews.com
- www.mk.co.kr
- www.ajunews.com
- https://blog.naver.com/kbk2780
- https://blog.naver.com/shams2073
- https://namu.wiki

비스킷 철학
박윤아 철학 에세이

인쇄 2024년 1월 10일

발행 2024년 1월 25일

기   획 김은경

편   집 박윤정

발행인 이은선

발행처 반달뜨는 꽃섬 [서울시 송파구 삼전로 10길50, 203호]

연락처 010 2038 1112   E-MAIL itokntok@naver.com

ⓒ 박윤아, 저작권 저자 소유

ISBN 979-11-91604-26-9   03100

* 이 도서는 한국출판문화산업진흥원의 '2023년 중소출판사 출판콘텐츠 창작 지원
  사업'의 일환으로 국민체육진흥기금을 지원받아 제작 되었습니다.

* 이 도서는 저작권법에 의해 보호를 받는 저작물이므로 무단 전재와 복제를 금합니다